K.L.A.R.–STORYS

Petra Bartoli y Eckert

16 Kurzgeschichten rund ums ERWACHSENWERDEN

zum Kopieren mit Aufgaben

Verlag an der Ruhr

Impressum

Titel
K.L.A.R.-Storys
16 Kurzgeschichten rund ums Erwachsenwerden – zum Kopieren mit Aufgaben

Autorin
Petra Bartoli y Eckert

Umschlagmotive
Couch: © Baloncici; Teenager: © Anastasiia Kozubenko;
Hintergrundmuster: © MURRIRA – alle Shutterstock.com

Lektorat
Katia Simon

Sensitivity Reading
S. 51-54: Anna Lena Lutz
S. 55-58: Daeny Levi Modemann

Druck
Athesia Druck GmbH, Bozen, IT

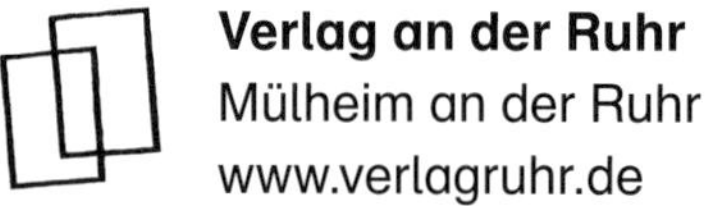

Verlag an der Ruhr
Mülheim an der Ruhr
www.verlagruhr.de

Geeignet für die Klassen 7–10

Nachdruck 2025

ISBN 978-3-8346-4439-8

Inhaltsverzeichnis

Vorwort

Liebe Lehrer*innen[1],

Erwachsenwerden ist nicht leicht. Plötzlich rücken neue Themen, Probleme oder Möglichkeiten in den Fokus. Um sich mit diesen alterstypischen Themen auseinanderzusetzen, brauchen Lernende Identifikationsmöglichkeiten, Raum für Auseinandersetzung und Diskussionsanreize.

Die vorliegenden 16 Geschichten zum Erwachsenwerden können dabei helfen, Aspekte aus der Lebenswelt der Jugendlichen aufzugreifen. Sie bieten Impulse zum Reflektieren und Austauschen und lassen sich – auch spontan – unkompliziert im Unterricht einsetzen.

Auf jede Geschichte folgt ein Arbeitsblatt mit Aufgaben
- zur inhaltlichen Erschließung,
- zum Gesamtverständnis und
- zum kreativen Weiterdenken.

Die Geschichten können ohne Vorbereitungszeit einfach in den Unterricht integriert werden und eignen sich deshalb auch gut für Vertretungsstunden.

Die 16 Storys zum Erwachsenwerden orientieren sich am bewährten K.L.A.R.-Prinzip – mit kurzen Sätzen, einfacher Wortwahl und großer Schrift. Besonders geeignet sind die zum Nachdenken und Diskutieren anregenden Geschichten für leseschwache Schüler*innen, die Probleme mit der Texterschließung haben.

Falls Sie nach dem Lesen der kurzen Geschichten intensiver auf jugendrelevante Themen eingehen wollen und eine ganze Lektüre dazu mit Ihrer Klasse erarbeiten möchten, finden Sie in den Medientipps am Ende des Buches und im Online-Shop unter www.verlagruhr.de viele verschiedene K.L.A.R.-Taschenbücher zu aktuellen Themen mit jeweils passenden Literatur-Karteien.

Ich wünsche Ihnen viel Spaß bei der Lektüre und interessante Gespräche mit der Klasse über die Geschichten!

Petra Bartoli y Eckert

[1] Der Verlag an der Ruhr legt großen Wert auf eine geschlechtergerechte und inklusive Sprache. Daher nutzen wir neutrale Formulierungen oder das Gendersternchen, um alle Menschen unabhängig von Geschlecht oder Geschlechtsidentität einzuschließen. In Texten für Schüler*innen finden sich aus didaktischen Gründen neutrale Begriffe bzw. Doppelformen.

Themenübersicht

Einmal Vollgas | 1/3

Marcels Augen leuchteten. Das hier war besser als jeder Freizeitpark! Er konnte sich gar nicht sattsehen. Überall blank polierter Lack. Und Lichtreflexe in den Außenspiegeln. Und glänzende Alufelgen. Auf dem Hof des Autohauses standen bestimmt an die hundert Fahrzeuge. Marcel legte vorsichtig eine Hand auf die Motorhaube des Cabrios, vor dem er stand. Sicher waren darunter etliche PS. So einen Schlitten wollte er später auch einmal fahren. Marcel hob den Kopf und ließ seinen Blick wandern. Am liebsten würde er sofort eine Probefahrt machen. Vielleicht mit dem roten Sportwagen? Oder mit dem aufgemotzten Auto dort hinten? Aber das ging natürlich nicht. Marcel war gerade mal 16.

Momentan sah es nicht so aus, als würde er jemals das Geld für den Führerschein zusammenbekommen, ganz zu schweigen für einen eigenen fahrbaren Untersatz. Auch wenn er seit einigen Monaten jeden Cent beiseitelegte. Fahrstunden waren einfach unfassbar teuer. Und von seinen Eltern hatte er da nichts zu erwarten. Marcel seufzte. Fahren konnte er jedenfalls. Er hatte den Wagen von Enes, seinem Nachbarn, schon einige Male in der Einfahrt vor und zurück gefahren. Ohne ihn dabei abzuwürgen. Enes hatte gelacht und ihn „Naturtalent“ genannt. Daraufhin ließ Enes ihn immer wieder am Garagenvorplatz üben. Und mittlerweile war er ein richtig guter Fahrer. Marcel schüttelte den Gedanken ab. Es half ja nichts.

Marcel warf einen letzten Blick auf die vielen tollen Karren. Dann schlurfte er durch das Tor vom Hof. Als er gerade in die Straße links abbiegen wollte, hörte er, wie neben ihm ein Motor aufheulte. Marcels Kopf schnellte herum. Zwei junge Leute standen neben einem coolen, blauen Wagen mit Heckspoiler. Ein Typ saß bei offener Fahrertür hinter dem Steuer. Marcel blieb stehen und bewunderte das Auto aus der Ferne.
„He, pass auf, dass dir nicht die Augen aus dem Kopf fallen“, rief einer von ihnen ihm zu. Marcel zuckte nur mit den Schultern. Dann kam er näher.
„Cooles Auto“, sagte er. „Tolle Alufelgen. Und der Sportauspuff macht einen Megasound.“
„Da kennt sich ja jemand aus“, lachte der Fahrer, der sich gerade aus dem Auto schwang.

„Ich bin Mike. Und das sind Turbo und Johanna“, stellt er sich und die anderen beiden vor.
Marcel hob die Hand, nannte seinen Namen und nickte allen zu.
„Und welches Auto fährst du?“, wollte dieser Mike jetzt wissen.
Erschrocken zuckte Marcel zusammen. Hielten die ihn tatsächlich schon für 18? Das war Marcel ja noch nie passiert. Aber es fühlte sich echt gut an!
„Ich ... ich habe im Moment kein Auto“, stammelte Marcel. Was ja auch nicht gelogen war.
„Achso. Du bist auf der Suche nach einer neuen Karre“, grinste Turbo und deutete mit dem Kinn zum Hof des Autohauses.
Marcel nickte zögernd. Auch das stimmte irgendwie.

ISBN 978-3-8346-4439-8 | www.verlagruhr.de

„Wonach suchst du denn genau?“, wollte Johanna wissen.
Marcel überlegte. Eigentlich sollte er jetzt die Wahrheit sagen. So was in der Art wie: „Ich hab noch nicht mal den Führerschein. Und wenn es in zwei Jahren vielleicht so weit ist, dann kann ich mir bestimmt kein Auto leisten.“
Aber stattdessen lehnte er sich mit der Hüfte an das Heck des blauen Autos und meinte: „Das hier finde ich echt gut. Schnell. Getuned. Genau so eines suche ich.“

Mike grinste und nickte zufrieden. Dann fing er an, alle Besonderheiten an seinem Wagen zu erklären. Marcel staunte. Dieser Typ musste Hunderte von Euro in die Kiste gesteckt haben! Sonderlackierung. Tiefergelegt. Sportsitze. Standheizung. Marcel kam aus dem Staunen gar nicht mehr heraus.
„Das ist echt der Wahnsinn“, flüsterte er anerkennend.
Das Kompliment für sein Auto nahm Mike persönlich. Er ging auf Marcel zu und boxte ihm freundlich gegen die Schulter. „Du hast einen guten Geschmack.“

Im nächsten Augenblick baumelte ein Autoschlüssel vor Marcels Nase. Mike hielt den Schlüsselanhänger zwischen Daumen und Zeigefinger und schwang den Schlüssel daran hin und her.
„Probefahrt gefällig?“, fragte er. „Das biete ich nur Leuten an, die mein Schmuckstück zu schätzen wissen.“
Marcel spürte, wie er rot wurde.
„Na, los. Oder denkst du, dass das zu viele PS für dich sind?“, lachte Turbo.
„Quatsch“, presste Marcel heraus.
Und dann griff seine Hand wie von ganz allein nach dem Schlüssel. Mike winkte ihn zur Fahrertür. Er selbst stieg auf der Beifahrerseite ein. Turbo und Johanna klopften auf das Autodach.
„Gute Fahrt“, wünschte Turbo.
„Gib Gas, Mann“, grölte Johanna.
Dann zog Marcel die Autotür zu, schnallte sich an und drehte den Schlüssel in der Zündung. Dank Enes lief alles wie am Schnürchen.

Im Leerlauf trat er das Gaspedal durch. Das klang nach Abenteuer! Marcels Herz schlug ihm bis zum Hals. Er warf Mike einen Seitenblick zu. Noch konnte er die Sache abbrechen. Doch dann drückte Mike sich tief in seinen Sitz und deutete mit der Hand nach links.
„Fahr hier lang. Da sind wir gleich raus aus der Stadt. Dann hast du freie Fahrt“, meinte er.
Marcel legte den ersten Gang ein und setzte den Blinker. Jetzt gab es kein Zurück mehr. Im Rückspiegel sah er, wie Turbo und Johanna lässig ihre Hände zum Gruß hoben. Dann gab Marcel Gas.

Erst tippte er nur ganz vorsichtig aufs Pedal. Doch dann beschleunigte Marcel beherzt. Durch das offene Seitenfenster blies ihm der Fahrtwind ins Gesicht.
„Fährt sich super, oder?“, rief Mike und strich über das Armaturenbrett.
Und ob! Marcel hatte sich noch nie besser, größer und lebendiger gefühlt. Er kuppelte,

ISBN 978-3-8346-4439-8 | www.verlagruhr.de

schaltete, gab Gas. Als hätte er das immer schon gemacht. An ihm flogen die Häuser vorbei. An einer Ampel hielt Marcel. Beim Anfahren glitt das Auto so sanft von der Stelle, als hätte Marcel schon hundert Jahre Fahrpraxis. Kein Ruckeln. Kein Stottern.

Doch dann stockte Marcel kurz der Atem. Ein Laster scherte vor ihm auf seine Spur ein. Marcel nahm Gas weg. Seine Hände hielten das Lenkrad krampfhaft fest.
„Alles in Ordnung?“, fragte Mike.
„Klar!“ Marcel versuchte, entspannt und cool zu klingen.
Aus dem Augenwinkel sah er, dass Mike seinen Kopf drehte und aus dem Seitenfenster blickte. Gut. Er hatte sich also nicht blamiert. Der Laster vor ihm bog ab. Jetzt war die Straße wieder frei. Marcel konnte schon das Ortsschild erkennen. Vielleicht noch dreihundert Meter. Dann waren sie aus der Stadt.

Und endlich trat Marcel so richtig aufs Gaspedal. Die Tachonadel schnellte hoch. 50, 60, 70 – Vollgas!
„Wow!“, rief Marcel begeistert und drückte noch etwas mehr auf die Tube.
Gerade als Mike „He!“ rief, passierte es auch schon. Marcel wurde kurz von einem hellen Licht geblendet.
„Du Vollpfosten! Jetzt bist du geblitzt worden“, schrie Mike und klatschte sich mit der flachen Hand an die Stirn.
„Geblitzt?“, rief Marcel entsetzt.
„Hast du den Blitzer am Straßenrand nicht gesehen?“, fragte Mike und schüttelte den Kopf.
Erschrocken bremste Marcel ab.
„Das bringt jetzt auch nichts mehr“, stöhnte Mike.
„Und schau mal dort vorne.“ Er deutete auf die Parkbucht kurz vor dem Ortsschild. Dort stand ein Polizeiauto. Daneben hatte sich ein Polizist breitbeinig aufgebaut und schwenkte mit einer Kelle. Darauf stand „Halt. Polizei.“ Und in der Mitte blinkte ein rotes Licht.

Marcel merkte, wie ihm der Schweiß ausbrach. In kleinen Bächen rann er ihm den Rücken und die Stirn hinab. Und tropfte in seine Augen.
„Was soll ich jetzt machen?“, kreischte er panisch.
„Nichts. Du musst dort anhalten. Und den Bullen deinen Führerschein zeigen“, sagte Mike und klang dabei nicht gerade erfreut. „Deinen Lappen kassieren sie dann wahrscheinlich gleich. Immerhin bist du mehr als 20 km/h zu schnell gefahren. Das wird in geschlossenen Ortschaften richtig teuer.“
Marcel stieß mit einem lauten Pfeifton die Luft aus. Er sah, wie Mike ihn mit den Augen fixierte.
„Ich hoffe, du hast genug Kohle“, meinte er scharf.
„Wie?“, schrie Marcel. Er musste Bußgeld bezahlen? Und die würden ihm seinen Führerschein abnehmen? Aber das ging doch nicht. Er hatte wieder Geld noch Führerschein. So eine Scheiße! Was sollte er denn jetzt nur machen? Fieberhaft überlegte Marcel. Anhalten? Oder lieber Gas geben?

ISBN 978-3-8346-4439-8 | www.verlagruhr.de

Einmal Vollgas: Aufgaben

Inhaltliche Erschließung

❶ Bringe die Sätze in die richtige Reihenfolge. Nummeriere die Ereignisse von 1 bis 6:

- ☐ Marcel trifft auf Mike, Turbo und Johanna.
- ☐ Ein Polizist winkt Marcel von der Straße in eine Parkbucht.
- ☐ Mike lässt Marcel mit seinem Auto fahren.
- ☐ Marcel bewundert Mikes Auto.
- ☐ Marcel gibt Gas und wird geblitzt.
- ☐ Marcel sieht sich begeistert Autos an.

❷ In der Geschichte kommen einige Bezeichnungen für „Auto" – sogenannte Synonyme – vor. Unterstreiche alle, die du finden kannst.

Gesamtverständnis

❶ Marcel denkt am Anfang der Geschichte: „Das hier war besser als jeder Freizeitpark." Was meint er damit? Welcher Ort ist für dich so? Sprecht in der Klasse darüber.

❷ Kannst du verstehen, warum Marcel das Angebot, mit Mikes Auto zu fahren, angenommen hat? Wie hätte er sonst noch reagieren können? Mache eine Liste mit Stichpunkten.

Weiterführende Aufgaben

❶ Recherchiere im Internet: Was passiert bei Fahrten ohne Führerschein und was bei einer hohen Geschwindigkeitsüberschreitung? Tragt eure Rechercheergebnisse in der Klasse zusammen.

❷ Wie könnte Marcels Geschichte ausgehen? Wie entscheidet er sich und welche Konsequenzen wird das haben? Schreibe die Geschichte weiter.

❸ Führe ein Interview mit einem Partner oder einer Partnerin. Frage nach: Willst du später einmal den Führerschein machen? Möchtest du dir ein Auto zulegen? Wie wichtig ist dir dieses Vorhaben?
Stellt eure Ergebnisse in der Klasse vor.

ISBN 978-3-8346-4439-8 | www.verlagruhr.de

Ich putz doch niemandem den Hintern ab! | 1/3

An der Tafel standen drei Adressen von Pflegeeinrichtungen.
„Wer sich bis jetzt noch nicht selbst um einen Praktikumsplatz gekümmert hat, wird jetzt von mir eingeteilt. Das hatten wir ja besprochen."
Herr Leutner, der Klassenlehrer, deutete auf Hayett, Pavel und Vanessa.
„Ihr könnt euch aussuchen, wer in welche Einrichtung gehen wird."
Entsetzt riss Hayett ihre Augen auf. In ein Seniorenheim? Auf keinen Fall! Es stimmte schon, dass sie sich nicht um eine Stelle gekümmert hatte. Das lag vor allem daran, dass sie keinen blassen Schimmer hatte, was sie gerne machen würde. Und am Montag sollte die Praktikumswoche beginnen. Aber eine ganze Woche in einer Pflegeeinrichtung? Das hielt sie nicht aus!
Hayett hatte früher ab und zu ihre Uroma in einem Altenheim besucht und sich dort immer unwohl gefühlt.
„In einem Pflegeheim will ich nicht arbeiten! Worüber soll ich mit den alten Menschen da denn überhaupt reden? Und den Hintern abputzen werde ich auch niemandem!", rief sie.
Herr Leutner zog scharf die Luft ein.
„Wenn du keinen besseren Vorschlag hast ...", meinte er dann nur.
Hayett ließ ihren Kopf auf die Tischplatte knallen und stöhnte.

Am Wochenende überlegte Hayett fieberhaft, wie sie sich vielleicht vor dem Praktikum drücken konnte. Krank machen? Das ging nicht, weil sie am Sonntag ins Schwimmbad wollte. Ihre Eltern würden ihr am Montag niemals eine plötzliche Erkältung abkaufen. Und wenn sie eine Allergie erfand? Aber gegen was? Gegen Senioren und Seniorinnen? Vielleicht könnte sich Hayett einfach im Seniorenheim im Klo einschließen. Und dort ihre Zeit absitzen, bis endlich Feierabend war. Naja, das war auch keine besonders prickelnde Vorstellung, wenn sie das an fünf Arbeitstagen durchziehen wollte. Irgendetwas Besseres musste ihr unbedingt noch einfallen!

Am Montagmorgen ging Hayett zum „Haus Waldblick" – ganz ohne Plan. Am Eingang wurde sie von einer Frau empfangen.
„Ich bin Frau Jenner, die Heimleitung. Schön, dass du bei uns reinschnuppern willst."
Hayett verzog den Mund zu einem missglückten Lächeln.
Die Heimleiterin zeigte Hayett den Personalraum. Dann reichte sie ihr einen Kittel, den Hayett überziehen sollte.
„Du gehst heute mit Markus mit. Er ist Altenpfleger und für den dritten Stock zuständig. Melde dich dort einfach im Stationszimmer. Markus wird dir dann sagen, was du tun kannst."
Frau Jenner nickte Hayett noch einmal freundlich zu. Dann verließ sie das Zimmer. Hayett schwenkte den Kittel in ihrer Hand. Wenn sie den jetzt anzog, gab es kein Zurück mehr. Hayett stöhnte. Dann schob sie ihren rechten Arm in das unförmige Kleidungsstück.

„Also, auf in den dritten Stock", murmelte Hayett genervt und drückte die Klinke der Personalzimmertür nach unten. Sie kniff

ISBN 978-3-8346-4439-8 | www.verlagruhr.de

die Augen zusammen und starrte auf den Boden. Dann machte sie einen schnellen Schritt nach draußen – und stieß prompt mit ihrem Fuß gegen das Rad eines Servierwagens. Der rollte mit Schwung nach vorne. Dort stieß er gegen eine Frau, die hinter ihrem Rollator herlief. Es klirrte. Einige Tassen waren vom Wagen gerutscht und lagen nun in Scherben auf dem Boden.
„Kacke!", fluchte Hayett. Das fing ja schon gut an! Sie ging in die Hocke und begann, vorsichtig die Porzellanstücke aufzusammeln und auf den Servierwagen zu legen.
„Macht doch nichts. Kann uns allen passieren", meinte jemand mit ruhiger Stimme.
Hayett hob den Kopf. Vor ihr stand die Frau mit dem Rollator.
„Ist das dein erster Tag hier?", fragte die alte Dame.
Verblüfft starrte Hayett die Frau an. Die sah ganz normal aus! Also nicht geistig verwirrt oder so. Im Gegenteil. Die Frau trug Jeans und eine fleckenfreie, strahlend weiße Bluse. Sie war sogar geschminkt!
„Bist wohl etwas schüchtern", sagte die Frau und grinste.
Erst jetzt merkte Hayett, dass sie immer noch eine Antwort schuldig war. Sie kam aus der Hocke hoch, strich über den ungewohnten Kittel und räusperte sich.
„Ich bin Hayett. Und ich mache hier ein Praktikum."
„Erna Friedrich", sagte die Frau, ließ einen Griff ihres Rollators los und streckte Hayett ihre Hand hin.

„Ach, hier steckst du!", rief eine Stunde später eine Stimme über den Flur. Hayett fuhr zusammen. Ein Mann im Pflegerkittel eilte auf sie zu. Direkt vor Hayett blieb er stehen.
„Ich bin Markus. Ich hab dich schon überall gesucht."
Oh, Mann! Sie hätte sich ja im dritten Stock bei diesem Markus melden sollen. Stattdessen hatte Hayett sich mit der netten Dame auf die Bank im Flur gesetzt. Und sich wirklich super unterhalten. Darüber, dass Hayett keinen Plan hatte, welchen Beruf sie einmal machen wollte. Über Frau Friedrichs Freundinnen und Freunde hier im „Haus Waldblick". Über das Essen im Seniorenheim und in der Schulmensa. Also eigentlich über Gott und die Welt.
„Jetzt haben wir uns verquatscht", kicherte Frau Friedrich und zwinkerte Hayett zu.
„Das war sehr schön mit der jungen Frau. Also seien Sie mal nicht zu streng zu ihr, Markus", wandte sie sich an den Pfleger.
„Schon gut, Frau Friedrich", lachte Markus. Dann winkte er Hayett hinter sich her.
„Ich zeige dir jetzt, wie das mit der Essensausgabe funktioniert."
Hayett verabschiedete sich von Frau Friedrich und erhob sich.

Den Rest des Tages half Hayett dabei, die frische Wäsche aus der Wäscherei in die Zimmer der Bewohnerinnen und Bewohner zu verteilen. Sie brachte einen Mann im Rollstuhl nach unten zum Friseur und holte ihn später wieder ab. Sie las einer Frau aus der Zeitung vor. Sie machte bei der Seniorengymnastik mit und fand das ziemlich lustig. Und sie deckte den Tisch, verteilte Milchreis auf Tellern und half beim Geschirrabräumen.

ISBN 978-3-8346-4439-8 | www.verlagruhr.de

Ich putz doch niemandem den Hintern ab! | 3/3

Als Markus schließlich „Du kannst jetzt Feierabend machen" sagte, konnte Hayett es kaum glauben. Der Tag war wie im Flug vergangen. Und an den folgenden Tagen der Praktikumswoche war es nicht anders. Hayett gab es nicht gerne zu. Aber die Arbeit hatte ihr richtig Spaß gemacht!

An ihrem letzten Tag im „Haus Waldblick" bat die Heimleiterin Hayett in ihr Büro. „Ich sollte eine Beurteilung darüber schreiben, wie du als Praktikantin warst", sagte sie.
Dabei reichte sie Hayett ein Blatt Papier. „Talentiert. Engagiert. Fleißig. Selbstständig. Hat einen Draht zu den Seniorinnen und Senioren."
Hayett wurde ganz verlegen, als sie die gute Beurteilung von Frau Jenner las.
„Das alles hat mir Markus bestätigt. Du hast dich wirklich gut gemacht", lobte die Heimleitung und lächelte.
Wow! Das fühlte sich gut an. Hayett war ziemlich stolz.

„Wollen wir noch eine Runde durchs Haus gehen, damit du dich von allen verabschieden kannst?", schlug die Leiterin vor.
Hayett war natürlich einverstanden. Sie hätte sich auch ohne Frau Jenners Vorschlag noch bei allen abgemeldet. Das war doch logisch. Immerhin kannte sie jetzt die meisten Bewohnerinnen, Bewohner und Pflegekräfte. Natürlich freuten sich alle, als Hayett ihnen die Hand schüttelte und alles Gute wünschte. Und Hayett musste mehr als einmal versprechen, bald wieder vorbeizukommen und alle zu besuchen.

„Übrigens: Wir können guten Nachwuchs immer gebrauchen. Kannst du dir vorstellen, eine Ausbildung als Altenpflegerin zu machen?", fragte die Heimleiterin, als sie die Treppe vom zweiten in den dritten Stock hochgingen.
Hayett zögerte kurz. Dann nickte sie. „Vorlesen und Spielen mit den Senioren und Seniorinnen fand ich echt gut", meinte sie.

Frau Jenner drehte sich zu Hayett und schob nachdenklich ihre Brille ein Stück auf der Nase nach oben.
„Zum Alltag in Seniorenheimen gehören natürlich auch pflegerische Aufgaben", meinte sie ernst. Das wusste Hayett natürlich auch.
„Sie meinen waschen, füttern, Windeln wechseln und auch mal den Leuten den Hintern abputzen?", fragte Hayett.
Frau Jenner nickte. „Kannst du dir das vorstellen?"
Hayett dachte über die Frage nach. Das war genau das, was sie auf keinen Fall ihr Leben lang machen wollte! Nein! Echt nicht! Jedenfalls war sie bis letzten Freitag davon überzeugt gewesen. Hayett legte den Kopf schief. Das Praktikum hatte wirklich Spaß gemacht. Und vielleicht war das Hinternabputzen auch gar nicht schlimm!? Ganz hinten im Flur sah sie Frau Friedrich mit ihrem Rollator. Die hob die Hand und winkte ihr zu. Hayett lächelte und winkte zurück. Dann hörte sie sich selbst sagen: „Ich glaube schon. Auf jeden Fall würde ich es gerne herausfinden"

ISBN 978-3-8346-4439-8 | www.verlagruhr.de

Ich putz doch niemandem den Hintern ab!: Aufgaben

Inhaltliche Erschließung

❶ Am Anfang der Geschichte wird Hayett von ihrem Lehrer für ein Praktikum im Seniorenheim eingeteilt. Warum hat sie sich nicht selbst um einen Praktikumsplatz gekümmert? Sprecht in der Klasse darüber.

❷ Hayett will auf keinen Fall in einem Seniorenheim arbeiten.
a) Warum ist das am Anfang der Geschichte so?
b) An welcher Stelle in der Geschichte verändert sich Hayetts Haltung?
c) Wie steht Hayett am Ende der Geschichte dazu?

❸ Finde für jeden Abschnitt der Geschichte eine passende Überschrift und schreibe sie auf

Gesamtverständnis

❶ Am Ende der Geschichte kann sich Hayett vorstellen, eine Ausbildung zur Altenpflegerin zu machen. Was hätte ihr vielleicht geholfen, das schon vorher herauszufinden? Sprich mit einem Partner oder einer Partnerin darüber.

❷ Welches Sprichwort passt am besten zur Geschichte? Kreuze an:

☐ Probieren geht über Studieren.

☐ Aller Anfang ist schwer.

☐ Es wird nichts so heiß gegessen, wie es gekocht wird.

Weiterführende Aufgaben

❶ Wo würdest du gerne einmal ein Praktikum machen? Findet euch in Kleingruppen zusammen. Sprecht über folgende Fragen:
a) Wie könnt ihr herausfinden, ob es in dem entsprechenden Arbeitsbereich eine Praktikumsstelle gibt?
b) Wie könnt ihr euch für ein Praktikum bewerben? Was braucht ihr? Was kommt gut an? Wen sprecht ihr an?
Notiert eure Ergebnisse und präsentiert sie in der Klasse.

❷ Habt ihr schon einmal ein Praktikum gemacht? Oder hattet ihr mal einen Ferienjob? Sprecht in der Klasse über eure Erfahrungen.

ISBN 978-3-8346-4439-8 | www.verlagruhr.de

Schluss mit Welpenschutz | 1/3

Hohes Gericht! Die Staatsanwaltschaft hält aufgrund der in der heutigen Hauptverhandlung durchgeführten Beweisaufnahme den in der Anklageschrift niedergelegten Sachverhalt für erwiesen.

Beweisaufnahme? Anklageschrift? Niedergelegt? Sachverhalt? Oh, Mann! Konnte der Typ sich nicht verständlich ausdrücken? Patrick sah den Mann in diesem krass peinlichen, schwarzen Mantel an. Er stand genau auf der gegenüberliegenden Seite des Gerichtssaals. Genau, jetzt fiel es Patrick wieder ein: Staatsanwalt hieß der. Und er laberte immer noch.

Entgegen der Anklageschrift hat sich in der Hauptverhandlung herausgestellt, dass der Angeklagte bei der Tat sogar mehrere Waffen, darunter zwei Messer, bei sich geführt hat.

Ja, klar! Patrick war schließlich gut vorbereitet gewesen. Er und seine Kumpels hatten ja etwas gebraucht, womit sie dem Kerl Angst einjagen konnten. Sonst hätte der die Kohle doch nie rausgerückt. Deshalb hatte sich Patrick vorsorglich den Elektroschocker und seine zwei Springmesser eingesteckt.

Aufgrund der Zeugenaussage von Frau Simone Weber ist die Staatsanwaltschaft von der Schuld des Angeklagten überzeugt.

Patrick rollte mit den Augen. Das war echt Pech! Weber hatte sie dabei beobachtet, wie sie den Kerl an der Tankstelle abgezogen hatten. Und sie hatte ihn erkannt. Weil diese Weber eben auch Hausmeisterin an seiner früheren Schule war. Shit happens!

Bei der Strafmessung ist zugunsten des Angeklagten zu berücksichtigen, dass er ein Geständnis abgelegt hat.

Was hätte Patrick auch sonst machen sollen? Bei der Polizei hatte er natürlich erst mal alles abgestritten. Aber seine Anwältin hatte ihm geraten, die Tat zu gestehen. Vielleicht hatte er dann noch eine Chance, ohne Knast davonzukommen.
„Aber ich vermute, jetzt ist Schluss mit Welpenschutz", meinte die Rechtsanwältin auch.
Patrick hatte gegrinst. Da hatte die Anwältin den Mund verzogen und gemurmelt: „Irgendwann hat der Richter auch bei Jugendlichen kein Verständnis mehr."

Nachteilig ist zu bewerten, dass der Angeklagte schon mehrfach vorgeahndet ist.

Vorgeahndet? Wieder so ein beschissenes Gelaber! Patrick hatte seine Fäuste eben nicht besonders im Griff. Aber wenn ihn eine Person beleidigte, war sie schließlich selbst schuld. Dann wollte sie ja absichtlich eine in die Fresse, oder? Und dann hatte Patrick leider ein paar Mal Pech gehabt und war geschnappt worden. Er ließ seine Fingerknöchel knacken. Seine Anwältin warf ihm einen warnenden Seitenblick zu.

Der Angeklagte wurde in den letzten drei Jahren 4-mal wegen gefährlicher Körperverletzung verurteilt. Zuletzt vor einem halben

Jahr. Er bekam eine Jugendstrafe von vier Monaten auf Bewährung.

Stimmt. Damals war Patrick haarscharf davongekommen. Seitdem hatte er einen Bewährungshelfer. Das war so etwas wie ein Babysitter. Bei dem musste er sich 2-mal die Woche melden. Was er keine drei Wochen durchgehalten hatte. Patrick musste grinsen. Na gut, diesmal würde er sich vielleicht an die Auflagen halten. War wohl besser so. Was jetzt kam, kannte Patrick schon. Bla, bla, bla. Eine Strafe von ... ausgesetzt auf Bewährung ...

Der Angeklagte weist eine hohe Aggressivität auf. Diese hat er nicht unter Kontrolle. So stellt er mit seinem wiederholten Verhalten eine Gefahr für die Gesellschaft dar.

He, hatte der sie noch alle? Der war mit seinem schwarzen Kittel doch selbst eine Gefahr. Für alle. Beinahe hätte Patrick laut aufgelacht.

Unter Berücksichtigung aller Umstände, die gegen den Angeklagten sprechen, ist die Staatanwaltschaft der Auffassung ...

Na, jetzt war Patrick aber gespannt, welche Auffassung dieser Kerl hatte.

... dass gegen den Angeklagten eine Jugendstrafe von zehn Monaten verhängt werden muss.

Hatte der einen Knall? Zehn Monate? Patrick zog scharf die Luft ein. Seine Anwältin gab ihm einen leichten Stoß mit dem Ellbogen. Patrick sah zu ihm hinüber. Die Rechtsanwältin legte einen Finger an die Lippen. Maul halten, sollte das wohl heißen. Ja, ja. Immerhin hatte nachher der Richter das letzte Wort. Nicht dieser nervige Staatsanwalt.

Eine Strafaussetzung auf Bewährung ist nicht möglich. Für den Angeklagten kann keine günstige Prognose gestellt werden.

Wie? Keine günstige Prognose? Das klang wie bei der Wettervorhersage im Fernsehen. Die Prognose für kommende Woche: bewölkt und meist regnerisch.

Es ist nicht zu erwarten, dass der Angeklagte seine Gewohnheiten und seinen Lebenswandel künftig ändern wird. Der Angeklagte hatte zudem schon einmal die Chance auf Bewährung. Deshalb beantragt die Staatanwaltschaft die Anwendung des Jugendstrafrechts gemäß Paragraf ...

Genau! Ein echter Paragrafenreiter. Galopp, mein Pferdchen! Patrick kicherte. Plötzlich wurde es still im Gerichtssaal. Irgendwie hatte Patrick den Rest des Gequatsches gar nicht mehr mitbekommen. Auch nicht, dass seine Verteidigerin noch ihren Senf dazugegeben hatte. Patrick sah hoch. Dann zuckte er zusammen. Alle Augen waren auf ihn gerichtet. Was glotzten die so? Der Richter, der ganz vorne hinter einem wuchtigen Tisch saß, schob einige Papiere zusammen. Dann nickte er allen kurz zu.

ISBN 978-3-8346-4439-8 | www.verlagruhr.de

Schluss mit Welpenschutz | 3/3

„Möchten Sie noch etwas sagen?", wandte er sich an Patrick.
Was erwartete der Richter denn jetzt von ihm? Dass er anfing, zu heulen? Und um Gnade flehte?
„Ich geb zu, dass ich Scheiße gebaut hab", murmelte Patrick.
Mehr fiel ihm nicht ein.
„Noch etwas?", fragte der Richter.
Eigentlich wollte Patrick jetzt gerne seine Ruhe haben. Raus aus dem Gerichtssaal. Sich in seinem Zimmer aufs Bett knallen. Seinen Kumpels eine Nachricht schicken. Oder auf der Playstation zocken. Aber das konnte er ja wohl kaum sagen. Darum schüttelte Patrick den Kopf. Der Richter fing an, in seinen Papieren zu blättern. Dann räusperte er sich. Kurze Pause. Jetzt musste der Richter also entscheiden, was er Patrick aufbrummen würde. So schlimm würde es schon nicht werden.

Kommen wir nun zur Urteilsverkündung.

Der Richter stand jetzt hinter seinem Tisch. Patricks Anwältin war sofort aufgesprungen. „Los!", raunte sie ihm zu und deutete mit dem Zeigefinger nach oben.
Genervt stand Patrick auf. Am liebsten hätte er sich einen Kaugummi in den Mund gesteckt. Aber seine Anwältin hatte ihm das verboten. Sonst scherte sich Patrick nicht um Verbote. Aber diesmal hatte er sich ausnahmsweise daran gehalten. Doch irgendwie musste er sich jetzt bewegen. Er ließ seinen Fuß über den Boden schaben. Vor und zurück. Vor und zurück.

Im Namen des Volkes ergeht folgendes Urteil.

„Jetzt spuck es schon aus", flüsterte Patrick.

Der Angeklagte ist des schweren Raubes in Tateinheit mit Körperverletzung schuldig. Er wird zu einer Jugendstrafe von zehn Monaten verurteilt. Die Strafe wird ohne Bewährung ausgesetzt.

Es fühlte sich an, als würde er fallen. Tiefer. Immer tiefer. Ohne Halt zu finden. In Patricks Ohren rauschte es. Von der Begründung des Richters bekam er kein Wort mit. Nur ein Satz hallte in seinem Kopf ständig nach: „Schluss mit Welpenschutz."
Knast. Zehn Monate. Fast ein Jahr. Einfach weggesperrt.

ISBN 978-3-8346-4439-8 | www.verlagruhr.de

Schluss mit Welpenschutz: Aufgaben

Inhaltliche Erschließung

1. Die Geschichte spielt vor Gericht. Patrick wird angeklagt, also beschuldigt, eine Straftat begangen zu haben. Was hat Patrick gemacht? Tausche dich mit einem Partner oder einer Partnerin darüber aus.

2. Was heißt „auf Bewährung“? Versucht, den Begriff in der Klasse zu klären.

3. Patrick wird in der Geschichte zu einer Jugendstrafe verurteilt. Stellt euch vor, ihr wärt der Richter oder die Richterin. Wie würdet ihr entscheiden? Macht eine Abstimmung in der Klasse:
   a) Patrick hat zugegeben, dass er einen Fehler gemacht hat. Er sollte freigesprochen werden.
   b) Patrick hätte noch eine Chance verdient. Er sollte nur eine Strafe auf Bewährung bekommen.
   c) Patrick hat seine Chance vertan. Das Urteil war richtig.

Gesamtverständnis

1. Versuche, alles, was Staatsanwalt und Richter in der Geschichte sagen, mit eigenen Worten zu formulieren, und schreibe es auf.

2. Der Staatsanwalt sagt: „Für den Angeklagten kann keine günstige Prognose gestellt werden.“ Was meint er damit? Seid ihr in der Klasse der gleichen Meinung? Diskutiert darüber.

Weiterführende Aufgabe

1. Recherchiert im Internet zu den Themen „Jungendstrafrecht“ und „Jugendgerichtsverhandlung“. Gestaltet in Kleingruppen ein Plakat dazu und stellt es in der Klasse vor.
   a) Für welches Alter gilt das Jugendstrafrecht?
   b) Was ist anders als bei Erwachsenen?
   c) Wer ist bei Jugendgerichtsverhandlungen dabei?
   d) Wie läuft eine Gerichtsverhandlung ab?

ISBN 978-3-8346-4439-8 | www.verlagruhr.de

Das beinahe erste Mal | 1/3

14. Oktober
Montage sollten abgeschafft werden! Heute morgen in der Schule kam Olli auf mich zugestürmt. Natürlich laberte er auch sofort los. Wie toll es am Wochenende mit Sassi war. Und dass sie es auf der Couch von Ollis Oma gemacht hätten. Mir wurde allein bei der Vorstellung übel. Ich meine, wer will schon auf dem Sofa der eigenen Oma Sex haben?
„Felix, du wirst schon noch merken, wie super das ist“, meinte Olli.
Er ist einer der wenigen, die wissen, dass ich es noch nie gemacht habe. Alle reden nur über Sex! Das ist ja kaum auszuhalten! Nein, ich bin nicht verklemmt. Aber das Getue nervt! Denn alle hatten schon. Sagen sie jedenfalls. Olli und Sassi und Hanna und Luca. Alex und Ranga.
„Du hast wohl immer noch nicht?“, hatte Luca letzte Woche gelästert.
Dazu hab ich nichts gesagt. Weil ich mit Amira vereinbart habe, dass wir noch warten. Obwohl sie schon Erfahrung hat. Aber das geht niemanden etwas an. Wir küssen uns natürlich. Und ich finde es auch echt schön, wenn wir so Arm in Arm auf dem Boden von Amiras Zimmer liegen. Aber miteinander schlafen soll doch irgendwie etwas Besonderes sein. Etwas, woran man sich dann ein Leben lang erinnert. Das kann Amira verstehen. Olli hatte schief gegrinst, als ich ihm meine Ansicht dazu mitgeteilt habe. Nicht hämisch oder so. Sondern irgendwie nachsichtig. So wie man lächelt, wenn kleine Kinder Unsinn machen.
Deshalb rede ich mit Olli nicht mehr über meine Gedanken. Dabei würde ich ihm so gerne erzählen, dass ich ganz schön Schiss habe. Davor, dass ich mich vor Amira ausziehen werde. Davor, dass das erste Mal vielleicht gar nicht so toll wird. Davor, dass ich irgendeinen Fehler mache. Mann, ist das kompliziert. Gut, dass Amira auch mit dem Warten einverstanden ist.

16. Oktober
Amira und ich sind jetzt sechs Monate zusammen. Sie hat mir zu unserem Halbjahrestag heute in der Pause einen kleinen Teddybären mit einem Herz auf der Brust geschenkt. Wir haben nach der Schule richtig lange rumgeknutscht. Hinter der Bushaltestelle. Das war jetzt nicht sooo romantisch. Aber trotzdem schön. Ich bin immer noch echt voll verliebt in Amira. Sie ist die Beste!

17. Oktober
Ich weiß nicht, woran es lag. Aber als Amira heute ihren Arm um mich gelegt hat, wusste ich es einfach. Es hat in meinem Bauch irgendwie total gekribbelt. Das war wie ein Zeichen. Deshalb habe ich Amira zur kleinen Mauer am Schulhof gezogen. Und ihr dort ins Ohr geflüstert: „Für mich wäre es jetzt okay. Mit dem Warten aufzuhören, meine ich.“
Mehr nicht. Amira hat erst mal gar nichts kapiert. Sie hat mich nur angeguckt. Ich konnte beinahe hören, wie es in ihrem Kopf ratterte. Dann hat sie endlich verstanden, was ich meine.
„Echt?“, hat sie gesagt und ihre Augen sind ganz groß geworden.

ISBN 978-3-8346-4439-8 | www.verlagruhr.de

Ich habe gelächelt und genickt. Dann war die Pause aus und ich bin mit ziemlich wackeligen Beinen zurück ins Klassenzimmer. Amira musste in Sport. Ich war richtig erleichtert, als ich mich auf meinen Stuhl fallen lassen konnte. Ich habe meine Hände rechts und links auf mein Gesicht gelegt, weil mir plötzlich richtig heiß war. Hoffentlich hat niemand gemerkt, wie durcheinander ich war.

19. Oktober
Seit gestern fragt Olli mich ununterbrochen aus.
„Was ist denn los? Du bist so komisch. Hast du was?"
Ja, ich hab was. Ein ganz besonderes Date mit Amira. Bei ihr. Nächstes Wochenende sind ihre Eltern weg. Da soll es passieren. Unser erstes Mal. Aber ich werde das Olli auf keinen Fall auf die Nase binden. Da kann er mich mit noch so vielen Fragen löchern. Gut, dass heute Samstag ist und wir uns nicht in der Schule begegnen. Mein Handy hab ich auf lautlos gestellt. Dann kann ich Olli besser ignorieren. Jetzt werde ich mir erst mal Gedanken machen, wie es sein wird. Es. Mein erstes Mal.

23. Oktober
Das war so peinlich! Ich würde jetzt noch am liebsten im Erdboden versinken! Ich war heute im Drogeriemarkt und habe Kondome gekauft. Und mich dabei angestellt, wie ... Ich weiß nicht. Jedenfalls war es eine Katastrophe. Erst hab ich mich minutenlang beim Regal mit den Verhütungsmitteln herumgedrückt. Als endlich niemand mehr in der Nähe war, hab ich nur kurz nach der richtigen Größe geguckt und dann nach dem erstbesten Päckchen gegriffen. Und gehofft, nicht irgendwelche Spezialkondome mit Erdbeergeschmack oder so erwischt zu haben. Dann hab ich noch wahllos einige Sachen eingesammelt. Erst zu Hause hab ich festgestellt, dass eine Tube Kinderzahnpasta dabei war. Jedenfalls hab ich dann alles aufs Kassenband gelegt. Die Kondome hab ich ganz zum Schluss unter ein Päckchen Kaugummi geschoben, damit sie nicht zu sehen waren. An der Kasse saß ein älterer Herr. Er hat alles über den Scanner gezogen. Am Schluss natürlich auch die Kondome. Die hat er mir dann extra in die Hand gedrückt.
„Muss dir nicht unangenehm sein", hat er gesagt und dabei gegrinst.
Meine Wangen wurden blitzartig heiß. Bestimmt bin ich knallrot geworden und habe ausgesehen, als hätte ich einen Mega-Sonnenbrand.

25. Oktober
Morgen um diese Zeit werde ich mein erstes Mal hinter mir haben. Wenn ich daran denke, vibriert alles in mir. Amira und ich haben uns heute Nachmittag zum Eisessen getroffen. Ich musste sie die ganze Zeit ansehen, während ich mein Erdbeereis gelöffelt habe. Als sich unsere Blicke trafen, hat Amira ganz lieb gelächelt.
„Bist du aufgeregt?", hat sie gefragt.
Ich habe ganz lässig mit den Schultern gezuckt. Aber in mir drin war ein wilder Wirbelsturm. Plötzlich hat Amira ganz verlegen in ihren Eisbecher gestarrt und gar nicht

ISBN 978-3-8346-4439-8 | www.verlagruhr.de

gemerkt, dass sie mit ihrem Löffel alles matschig gerührt hat. Das hat mich total durcheinandergebracht. Was, wenn sie gar nicht mehr will? Wenn ich ihr doch zu unerfahren bin? Oh, Mann. Ich bin mir jetzt irgendwie gar nicht mehr sicher, ob ich morgen wirklich will. Aber irgendwann muss es ja mal sein.

26. Oktober

Heute war es so weit. Ich war schon eine halbe Stunde vor der verabredeten Zeit bei Amira. Geklingelt hab ich natürlich nicht. Stattdessen bin ich die Straße auf und ab gegangen und hab ständig auf die Uhr gesehen. Drei Minuten nach vier stand ich dann vor der Tür. Amira hat sie aufgerissen, bevor das Klingeln ganz verklungen war. So, als hätte sie dahinter bereits mit der Hand an der Klinke gewartet. Wir sind dann gleich in Amiras Zimmer. Auf dem Boden stand eine Flasche mit alkoholfreiem Sekt. Und zwei Gläser auf einem Tablett. Amira hat auf ihrem Handy die Playlist mit unseren Lieblingsliedern angeklickt. Das war echt total schön. Wir haben dann erst mal angestoßen. Durch den Sekt wurde das Kribbeln in meinem Bauch nur noch schlimmer. Aber dann habe ich allen Mut zusammengenommen. Ich hab das Päckchen Kondome aus meiner Hosentasche gefischt und es Amira lächelnd hingehalten. Ich hatte erwartet, dass wir jetzt loslegen. War ja irgendwie klar. Doch dann hat Amira weggeguckt. Und sich einige Mal geräuspert. Als sie mich wieder ansah, hat sie ganz komisch ausgesehen.
„Ich muss dir etwas sagen", meinte sie.
Mein erster Gedanke war: Jetzt macht sie Schluss. Was ja totaler Quatsch war. Denn wozu hätte sie dann den Sekt kalt gestellt? Doch dann kam etwas, mit dem ich so nicht gerechnet habe.
„Felix, ich hab dir nicht die Wahrheit gesagt", flüsterte sie. So leise, dass ich sie kaum verstehen konnte. Darum trat ich einen Schritt auf Amira zu und sah sie gespannt an. Amira schluckte ein paar Mal. Dann endlich schaffte sie es, weiterzusprechen:
„Ich hab auch noch nie."
Erst merkte ich, dass ich sauer wurde. Wieso hatte sie dann gesagt, sie hätte Erfahrung?
„Ich dachte am Anfang, du hattest schon mal. Darum wollte ich nicht so unerfahren wirken. Und dann gab es einfach keinen geeigneten Zeitpunkt, um es richtigzustellen", meinte sie kleinlaut.
Und mit einem Mal war mein Ärger verflogen. Ich griff nach ihrer Hand.
„Ist doch schön, wenn es für uns beide das erste Mal ist", sagte ich nur.
Amira atmete erleichtert aus. Dann starrte sie auf ihre Fußspitzen. Und da wusste ich, dass sie noch mehr zu sagen hatte.
„Können wir vielleicht einfach noch ein bisschen ..."
Amira sah mich mit schief gelegtem Kopf an.
„Noch ein bisschen warten?", beendete ich ihren Satz.
Ich spürte, dass mein Bauch ganz warm wurde. Dann schlang ich meine Arme um Amira und wir küssten uns. Lange. Und immer wieder.
Heute war also nicht mein erstes Mal. Aber beinahe. Und es war schön.

ISBN 978-3-8346-4439-8 | www.verlagruhr.de

Das beinahe erste Mal: Aufgaben

Inhaltliche Erschließung

❶ Hast du nach der Überschrift schon gewusst, worum es in der Geschichte gehen wird? Warum? Sprich mit einem Partner oder einer Partnerin darüber.

❷ „Alle reden nur über Sex ..." Schreibe alle entsprechenden Aussagen aus dem Text auf, in denen über Sex gesprochen wird.

❸ Felix will mit Olli nicht mehr über seine Gedanken zum Thema "Sex" sprechen. Unterstreiche im Text, warum er das beschließt.

❹ Am Ende kommt doch alles anders, als Felix es erwartet hatte. Was hatte Felix deiner Meinung nach erwartet? Finde eigene Worte dafür und schreibe sie auf.

Gesamtverständnis

❶ Felix ist einiges unangenehm oder peinlich. Suche alle Stellen im Text, die du dazu findest. Wäre es euch auch peinlich, Kondome zu kaufen oder übers erste Mal zu sprechen? Sprecht in der Klasse darüber.

❷ Felix hat mit Amira vereinbart, dass sie mit dem ersten Mal noch warten wollen. Wie findest du das? Tausche dich mit einem Partner oder einer Partnerin darüber aus.

Weiterführende Aufgaben

❶ Felix kauft Kondome. Mit Amira hat er nicht über das Thema „Verhütung" gesprochen. Warum ist es wichtig, dass sich beide für die Verhütung verantwortlich fühlen? Was denkt ihr? Diskutiert in der Klasse darüber.

❷ Rumknutschen hinter der Bushaltestelle findet Felix nicht so romantisch. Tolle Songs von der gemeinsamen Playlist zu hören schon. Was ist für euch Romantik? Sammelt eure Ideen in der Klasse und schreibt sie auf ein Plakat.

ISBN 978-3-8346-4439-8 | www.verlagruhr.de

Der beste Urlaub überhaupt | 1/3

„Den ganzen Tag chillen. Am Strand liegen. Coole Sachen unternehmen. Und jeden Abend Party machen", grölte Ömer.
Ja, so musste Urlaub sein. Das fand auch Lenni. Ihr erster Urlaub ohne Eltern! Beide hatten ziemlich viel Überredungskunst gebraucht, bis sie endlich ihr Okay für die Woche Urlaub bekommen hatten.
Ömers Großonkel hatte ein Ferienhaus. Dort konnten sie kostenlos wohnen. Ömer und Lenni waren mit dem Zug hergekommen. Das Haus lag an der Nordsee, nur wenige Meter vom Meer entfernt. Draußen war die Luft salzig und frisch. Hier im Häuschen roch es allerdings ziemlich muffig. Aber mit ein bisschen Lüften war der Geruch bestimmt schnell weg. Lenni öffnete das Fenster. Er beugte sich weit nach draußen.
„Freiheit!", schrie er in den Sommernachmittag.
Die ältere Frau, die gerade am Haus vorbeispazierte, schüttelte irritiert den Kopf.
Lenni drehte sich zu Ömer um.
„Was machen wir als Erstes?", fragte er.
„Etwas essen. Dort vorne ist eine Fischbude. Ich sterbe gleich vor Hunger!", schlug Ömer vor.
„Aber dann geht es an den Strand. Vielleicht können wir gleich mal Kitesurfen ausprobieren", ergänzte Lenni.
Also schlüpften die beiden in ihre Badehosen, packten Handtücher und Geldbörsen in Lennis Rucksack und gingen los.

„Köstlich! Ich habe noch nie so ein gutes Lachsbrötchen gegessen", verkündete Lenni kauend.
Ömer wischte sich mit dem Handrücken über den Mund und nickte.
„Jetzt aber ab zum Strand. Wer zuerst im Wasser ist!", rief er und spurtete los.
Lenni griff nach seinem Rucksack und rannte hinterher. Am Strand angekommen, schlüpften die beiden aus den Klamotten und warfen ihre Sachen in den Sand. Ömer steuerte als Erster das Meer an. Lenni wollte ihm gerade folgen. Doch dann blieb sein Blick am Reißverschluss seines Rucksacks hängen. Der stand offen. Komisch. Hastig wühlte er darin herum. Die beiden Handtücher waren da. Ömers Geldbörse auch. Aber etwas fehlte. Scheiße!
„Ömer!", brüllte er.
„Ist dir eingefallen, dass du deine Schwimmflügel brauchst?", lachte Ömer.
„Lass den Scheiß und komm her!", rief Lenni. „Mein Geldbeutel ist weg."
„Wie? Weg?", fragte Ömer, als er wenige Sekunden später neben Lenni zum Stehen kam.
Lenni deutete auf seinen Rucksack.
„Der Reißverschluss war offen. Die Börse muss rausgefallen sein."
Ömer griff nach Lennis Rucksack.
„Lass mal sehen. Das kann doch nicht sein."
Aber auch er fand nur die beiden Handtücher und seinen eigenen Geldbeutel.
„Und jetzt?", fragte Lenni.
„Jetzt gehen wir noch einmal zurück zur Fischbude und suchen den Weg ab", schlug Ömer vor.

Schließlich gingen die beiden den Weg 4-mal ab. Aber die Geldbörse blieb verschwunden. Sie fragten sogar an der

ISBN 978-3-8346-4439-8 | www.verlagruhr.de

Fischbude nach und sprachen einige Leute auf der Straße an. Niemand hatte eine graue Börse gefunden. Erschöpft ließen sich die beiden auf eine Bank an der Strandpromenade fallen.

„Dann ist der Urlaub jetzt wohl gelaufen. Ich muss meine Eltern anrufen. Ohne Geld kann ich nicht hier bleiben", murmelte Lenni.

Er legte den Kopf in den Nacken und atmete laut aus.

„Spinnst du? Du rufst auf keinen Fall an. Dann glauben deine Eltern ja nur, dass sie Recht gehabt haben. Dass wir noch nicht alt genug sind, um auf uns aufzupassen", sagte Ömer und klang dabei ganz aufgeregt.

„Und wovon soll ich heute, morgen und die anderen Tage etwas zu essen kaufen? Ohne Geld werden wir auch keinen Spaß haben. Alles hier kostet etwas", meinte Lenni und verzog den Mund.

„Ich hab ja auch Geld dabei. Dann leihe ich dir erst mal etwas. Und du zahlst es mir zu Hause wieder zurück", versuchte Ömer, Lenni zu beruhigen.

„Und dein Geld reicht für uns beide?", fragte Lenni.

Ömer fischte zwei Fünfzig-Euro-Scheine aus seinem Geldbeutel und wedelte damit in der Luft herum.

„Das reicht doch hinten und vorne nicht", meinte Lenni.

„Wetten, doch?", antwortete Ömer und hielt seine flache Hand hoch.

Lenni seufzte. „Na, gut. Wir versuchen es." Dann schlug er ein.

„Wir brauchen einen Plan", verkündete Ömer, als sie zurück im Ferienhaus waren. Es dauerte eine Stunde, bis sich die beiden einig waren. Ab sofort wollten sie selbst kochen. Das war billiger, als jeden Tag Fischbrötchen zu kaufen. Außerdem wusste Ömer, dass das kleine Fischermuseum im Ort keinen Eintritt kostete. Und am Hafen konnten sie sich auch umschauen, ohne Geld auszugeben. Ömer wusste, dass dort sogar schon mal ein Film gedreht worden war. Klang also ganz spannend. Fahrräder leihen, Kitesurfen und Shoppen konnten sie natürlich vergessen. Aber vielleicht fiel ihnen noch etwas anderes ein, das Spaß machte und kein Geld kostete. Jetzt wollten sie jedenfalls erst mal schwimmen gehen. Das hatten sie ja ohnehin vorgehabt. Und es kostete keinen Cent.

Am Abend gab es Nudeln mit Ketchup. Die nächsten Tage auch. Aber Lenni und Ömer fanden das Essen fantastisch. Und es war günstig. Die Flasche Tomatenketchup reichte für die ganze Woche. Die beiden wurden jeden Tag mehr zu Überlebenskünstlern. Dem Besitzer der Fischbude – sie durften ihn Otti nennen – hatten sie von ihrem Problem erzählt. Von da an brachten sie jeden Tag die Pfandflaschen für ihn weg. Dafür spendierte er ihnen mittags immer ein Fischbrötchen. Am dritten Tag stand eine Fischerin mit wettergegerbter Haut bei der Bude. Kurzerhand organisierte Otti, dass Ömer und Lenni am kommenden Tag mit dem Fischkutter mitfahren durften. Auf dem Kutter bekamen die beiden Cola und Matjes. Schließlich machte Ottis Frau Irina mit Lenni und Ömer sogar noch eine Wattwanderung. Kostenlos. Dafür gingen die zwei mit ihrem

ISBN 978-3-8346-4439-8 | www.verlagruhr.de

Der beste Urlaub überhaupt | 3/3

Hund Käpten Luck Gassi. Statt Party zu machen saßen Ömer und Lenni jeden Abend vor dem Ferienhäuschen und quatschten. Einmal kam Otti vorbei und brachte ihnen das Kartenspiel Skat bei. Jeden Tag schrieben Ömer und Lenni eine Nachricht an ihre Eltern oder schickten ein Foto. Von dem verlorenen Geld schrieben sie nichts.

Die Zeit verging wie im Flug.
„Schade, dass der Urlaub schon vorbei ist", meinte Lenni, als sie am letzten Tag ihre Taschen packten.
„Ja, das war der beste Urlaub meines Lebens", fand Ömer.
Die beiden trugen das Gepäck nach draußen und vergewisserten sich noch einmal, dass der Herd ausgeschaltet und alle Fenster geschlossen waren. Ömer schloss gerade die Tür ab, als sich Schritte näherten. Otti kam angelaufen. Wollte er sich noch von ihnen verabschieden? Das hatten sie gestern Abend doch schon gemacht. Lenni blinzelte. Jetzt sah er, dass Otti etwas in der Luft schwenkte. Etwas graues, rechteckiges.
„Gut, dass ich euch noch erwische", sagte Otti atemlos.
Er hielt Lenni das Ding in seiner Hand hin.
„Schau mal, was heute Morgen bei mir abgegeben wurde."
Lennis Geldbörse! Otti erklärte, dass eine Spaziergängerin sie gefunden hatte. Am Wegrand. Unter dem Schilf.
Lenni griff nach der Börse.
„Ich glaube, die hast du die letzten Tage sehr vermisst", lachte Otti.
Lenni betrachtete seine Geldbörse nachdenklich. Dann schüttelte er den Kopf.
„Eigentlich nicht. Denn so hatten wir einen ganz besonderen Urlaub. Einen Überlebenskünstler-Urlaub", meinte er.
„Genau. Und wenn wir genügend Geld gehabt hätten, wären wir nie mit einem Fischkutter mitgefahren", ergänzte Ömer.
Lenni grinste. „Und dich, Irina und Käpten Luck hätten wir auch nicht kennengelernt."

Zu Hause am Bahnhof warteten Ömers Eltern und Lennis Mutter schon auf sie. Kaum waren sie aus dem Zug geklettert, wurden sie auch schon mit Fragen überhäuft.
„Wie war's? Habt ihr euch verstanden? Gab es Probleme?"
„Keine Probleme. Der Urlaub war einfach nur mega!", sagte Lenni.
Und Ömer stimmte ihm voll und ganz zu.

ISBN 978-3-8346-4439-8 | www.verlagruhr.de

Der beste Urlaub überhaupt: Aufgaben

Inhaltliche Erschließung

❶ Beantworte folgende Fragen schriftlich:
  a) In welcher Region machen Ömer und Lenni zum ersten Mal ohne Eltern Urlaub?
  b) Wo wohnen die beiden während ihres Urlaubs?
  c) Was müssen Ömer und Lenni für die Unterkunft bezahlen?
  d) Wie lange dauert der Urlaub?

❷ In der Geschichte läuft nicht alles nach Plan. Antworte mit eigenen Worten und notiere deine Antwort:
  a) Durch welchen Vorfall nimmt der Urlaub eine besondere Wendung?
  b) Wie wollen Ömer und Lenni das Problem lösen?
  c) Wie sehen die Urlaubstage von Ömer und Lenni schließlich aus? Was erleben sie alles?

Gesamtverständnis

❶ Denke an eine Situation, für die du schon einmal eine Lösung finden musstest. Wie ist dir das gelungen? Sprich mit einem Partner oder einer Partnerin darüber.

❷ Ömer und Lenni beschließen, ihren Eltern nichts von dem verlorenen Geld zu erzählen. Hättet ihr genau so gehandelt? Sprecht in der Klasse darüber.

Weiterführende Aufgaben

❶ Wer als junger Mensch allein in den Urlaub fahren will, braucht das Einverständnis der Eltern. Recherchiert im Internet, was noch dabei zu beachten ist. Macht euch in Kleingruppen Notizen und stellt eure Ergebnisse in der Klasse vor.

❷ Führt Interviews mit unterschiedlichen Personen in eurer Schule. Macht dabei Tonaufnahmen und spielt sie anschließend in der Klasse vor. Fragt nach: Wann sind Sie oder bist du das erste Mal ohne Eltern weggefahren? Was haben Sie oder hast du im Urlaub schon mal erlebt? Wohin fahren Sie oder fährst du am liebsten?

❸ Wohin würdest du gerne einmal reisen? Was möchtest du dort sehen oder erleben? Tausche dich mit einem Partner oder einer Partnerin dazu aus.

ISBN 978-3-8346-4439-8 | www.verlagruhr.de

Blaue Streifen | 1/3

Betty saß auf dem Rand der Badewanne. Die Badezimmertür hatte sie vorsorglich abgesperrt. Mama war zwar noch auf der Arbeit, aber wer wusste schon, ob sie nicht mal früher heimkam. Betty wollte auf keinen Fall, dass sie jetzt ins Bad platzte. Sie rutschte auf dem Wannenrand hin und her. Dann sah sie wieder auf ihr Handy. Sie scrollte durch den Newsfeed auf Insta. Dazwischen schielte sie schnell zur Ablage über dem Waschbecken. Dann ging ihr Blick wieder zurück auf das Handy. Die Zeitanzeige oben auf dem Display bewegte sich nicht. Immer noch fünf Minuten. Betty seufzte. Sie versuchte, sich wieder auf Insta zu konzentrieren: Sprüche, Sonnenuntergänge, Katzenbilder, Noah in einem neuen Ringelkleid. Noah grinste breit nach oben in die Kamera. Selfies macht man am besten von oben. So kamen sie besser rüber. Fand Betty jedenfalls. Und offenbar fand Noah das auch. Unter dem Foto las Betty Noahs Kommentar:

Megateil. Wir alle sollten öfter Kleider tragen.
#blauestreifen
#neuesteil
#modeverrückt
#klamottenmachenglücklich

Das Kleid sah wirklich gut aus. Betty klickte auf „#blauestreifen abonnieren“. Ihr Newsfeed aktualisierte sich. Fotos von gestreiften Outfits, gestreiften Plüschtieren und einem gestreiften Fußabtreter erschienen. Dann ein blau-weiß tapeziertes Zimmer. Das sah total gemütlich aus. So ein Zimmer hätte Betty auch gerne.

Mein neues Reich. Wohlfühlmomente!
#blauestreifen
#frischtapeziert
#neuesleben
#wohlfühlen
#wohnstyling
#selbstgemacht

Betty klickte auf das Herz unter dem Post. Die Anzeige darunter zählte ihr Like: „Gefällt 131 Personen“.
Betty scrollte weiter. So viele coole Bilder mit blauen Streifen. Naja, ein paar langweilige Schnappschüsse waren auch dabei: ein Auto mit blau-weiß gestreifter Motorhaube, eine blau-weiß gestreifte Unterhose, eine Pyjamahose mit blauen Streifen. Betty blinzelte zum Waschbecken. Dann checkte sie die Uhrzeit. Noch vier Minuten. Oh, Mann, warum verging die Zeit einfach nicht? Betty legte ihren Kopf in den Nacken. Sie schloss für einen Moment genervt die Augen. Dann sah sie wieder auf ihr Handy. Wow! Was für ein Foto! Ein blau-weiß gestreifter Pappbecher in der Hand. Verschwommen. Der Hintergrund, ein wunderschöner See, gestochen scharf.

Am Waldsee bei Sonnenschein.
#blauestreifen
#kurzurlaub
#amwasser
#chillen
#entspannen
#solässtessichleben

Betty scrollte weiter. Hey, das war doch Emmi! Betty grinste. Das Foto zeigte eine blonde Haarmähne mit einigen blauen Strähnen. Klar! Hinter den Haaren sah man eindeutig Emmis Stupsnase. Sie hatte eine neue Frisur. Das Foto war Betty irgendwie durchgerutscht. Sie griff sich in ihre kurzen, braunen Locken. Da würden blaue Strähnen gar nicht auffallen.

Neue Frisur. Mut zur Farbe :)
#blauestreifen
#daslebenistbunt
#malwasneues
#mirgefälltes
#bringfarbeindiewelt

Es polterte. Betty schreckte hoch. War Mama heimgekommen? Betty hielt den Atem an und lauschte. Nein, Fehlalarm. Das Geräusch kam aus der Nachbarwohnung. Bestimmt war Herrn Nowak mal wieder etwas aus der Hand gerutscht. Langsam beruhigte sich Bettys Puls. Sie sah auf die Handyuhr. Immer noch drei Minuten. Oh, Mann! Bettys Daumen glitt weiter über das Display. Das Foto mit dem weißen Strandkorb und dem blau-weißen Innenstoff zog sie größer. Strand, Sonne, Meer. Betty lächelte. Dort wäre sie jetzt auch gerne.

Füße im weißen Sand ...
#blauestreifen
#ostsee
#strandkorb
#traumurlaub
#bestezeit

Oben schob sich die Push-Meldung einer neuen Nachricht auf Bettys Handydisplay. Farida. „Lust auf ein Eis?“ Betty wischte die Anzeige weg. Nein, sie hatte noch nie weniger Lust auf Eis gehabt. Obwohl: Sie entdeckte ein Foto von einem Eisbecher. Vanilleeis mit Blaubeersoße. Betty merkte, wie ihr das Wasser im Mund zusammenlief.

Eis für die Seele!
#blauestreifen
#eisbechermitherz
#eineisgehtimmer
#sommermitvanilleeis
#blaubeersoße
#eineiszumverlieben

Das Foto bekam von Betty natürlich ein Like. „Gefällt 82 Personen“ erschien. Die Uhrzeit sprang gerade um. Noch zwei Minuten. Betty ließ ihr Handy sinken und schüttelte ihre Schultern aus. Dann schaute sie wieder auf das Display. Betty merkte, wie sie einen Kloß im Hals bekam. Auf dem nächsten Bild war ein Pärchen zu sehen. Es küsste sich, halb hinter einem blau-weißen Schirm verborgen.

Große Liebe im Regen
#blauestreifen
#verliebt
#loveforever
#fürimmerundewig

Betty schluckte. Sie musste an Djamal denken. Seit vier Wochen war Schluss. Dieser Scheißkerl hatte eine andere! Dabei war Betty sicher gewesen, dass ihre Liebe

ISBN 978-3-8346-4439-8 | www.verlagruhr.de

für immer hält. Betty merkte, wie ihr Tränen über die Wangen rollten. Schnell wischte sie sie mit der freien Hand weg. Ihr Blick war wie verschleiert. Sie konnte den nächsten Insta-Post kaum erkennen. Ein Geschenk in blau-weißes Papier verpackt lag auf einem Tisch. Daneben stand ein Geburtstagskuchen. Schokolade mit Streuseln. So einen hatte sie Djamal vor einem Monat auch zu seinem 16. Geburtstag gebacken.

Geburtstag ist der schönste Tag im Jahr!
#blauestreifen
#ichbekommegernegeschenke
#geburtstag
#partymachen
#allesnurfürmich

Noch eine Minute. Betty scrollte schnell weiter. Füße in blauen Ringelsocken. Eine blau-weiße Picknickdecke mit Essen auf einer Wiese. Ein Oberkörper in einem weißen Hemd mit blau-weißer Krawatte. Eine Glückwunschkarte zur Geburt eines Kindes. Die Vorderseite bestand aus lauter blauen Streifen und einem Storch.

Hurra, unser Baby ist da!
#blauestreifen
#babyglück
#familienzuwachs
#happy

Betty wurde schlecht. Sie schloss die App. Die Uhr auf dem Sperrbildschirm war umgesprungen. Die Zeit war abgelaufen. Betty sprang auf. Ihr Handy legte sie auf den Wannenrand. Mit wackeligen Knien trippelte sie zum Waschbecken. Ihre Hand zitterte, als sie nach dem Stäbchen griff. Betty presste die Augen zu. Dann zählte sie in Gedanken bis zehn. Erst danach öffnete sie die Augen und schaute sich das Ergebnis an. Auf dem Teststreifen konnte sie es ablesen. Alles verschwamm vor Bettys Augen. Hektisch schüttelte sie das Stäbchen. Schaute wieder drauf. Das Ergebnis war immer noch das gleiche. Betty überflog noch einmal hektisch den Beipackzettel. „So lesen Sie das Ergebnis des Schwangerschaftstests richtig: Es erscheinen zwei blaue Streifen auf dem Testfeld. Das bedeutet, der Test ist positiv – Sie sind schwanger." Betty schaute sich noch einmal das Stäbchen an. Es hatte sich nicht verändert. Betty sah ... zwei blaue Streifen.

#blauestreifen
#daskannnichtsein
#wassollichjetztmachen
#nein!!!
#scheißeichbinschwanger!

Blaue Streifen: Aufgaben

Inhaltliche Erschließung

❶ Die Geschichte heißt „Blaue Streifen“, aber es geht um ganz spezielle blaue Streifen. Wann hast du gemerkt, worum es in der Geschichte wirklich geht? Unterstreiche die Textstelle.

❷ Beantworte die folgenden Fragen schriftlich:
a) Worauf wartet Betty?
b) Wer soll sie auf keinen Fall stören?
c) Womit verbringt sie die Wartezeit?
d) Welche Posts liest sie? Worum geht es darin?
e) Welcher Post bringt sie besonders durcheinander? Warum?

❸ Was haben die blauen Streifen am Ende der Geschichte mit Betty zu tun? Tausche dich mit einem Partner oder einer Partnerin aus.

Gesamtverständnis

❶ Die Geschichte erzählt nur wenige Minuten aus Bettys Leben. Was ist wohl in den Wochen vorher alles passiert? Erzähle einem Partner oder einer Partnerin deine Version.

❷ Das letzte Wort in der Geschichte lautet: *#scheißeichbinschwanger!* Was wird Betty jetzt wohl machen? Überlegt euch mehrere Möglichkeiten und sprecht darüber in der Klasse.

Weiterführende Aufgaben

❶ Mit wem könnte Betty über ihre Situation reden? Überlegt gemeinsam in der Klasse.

❷ Wenn Betty sich an euch wenden würde, was würdet ihr Betty raten? Spielt das Gespräch mit einem Partner oder eine Partnerin.

❸ Recherchiert im Internet, welche Anlaufstellen es in eurer Umgebung für Schwangere gibt. Gestaltet in Kleingruppen gemeinsam eine Übersicht mit Ortsangabe und Angebot. Stellt sie der Klasse vor.

ISBN 978-3-8346-4439-8 | www.verlagruhr.de

Ich werde ein Star! | 1/3

Es war später Abend. Die Lichter der Stadt funkelten. Eine lange, schwarze Limousine hielt vor dem riesigen Kino. Die hintere Tür wurde geöffnet. Ein Mann mit einem schwarzen Sakko und einem Headset hielt die Tür auf. Tyler schwang die Beine aus dem Auto. Er trat auf den roten Teppich, der neben dem Auto ausgerollt war. Applaus brandete auf. Hunderte Leute standen hinter der Absperrung und klatschten. Tyler hob seine Hand und winkte. Da setzte ein Blitzlichtgewitter ein. Die Leute von den Zeitungen schossen ein Foto nach dem anderen. Fans streckten ihre Hände nach Tyler aus. Er lächelte.
„Kann ich ein Selfie mit dir machen?“, rief ein Mädchen.
Tyler nickte, stellte sich neben sie und legte den Kopf schief.
„Ich auch, ich auch!“, kreischten einige andere Fans.
Aber leider hatte Tyler keine Zeit mehr. Die Filmpremiere ging gleich los. Heute lief der Film, in dem Tyler die Hauptrolle spielte, zum ersten Mal. Er war der Star des Abends. Er musste ins Kino. Dort warteten bereits die Fernsehleute auf ihn. Er sollte ein Interview geben.
„Tyler Watson! Tyler Watson!“
Tyler lächelte. Ein Schauer lief ihm über den Rücken. Es war so cool, berühmt zu sein.
„Tyler Watson! Tyler Watson!“
Das Rufen hörte und hörte nicht auf.

„Tyler Watson! Du bist an der Reihe.“
Erschrocken zuckte Tyler zusammen. Die Wirklichkeit hatte ihn wieder. Tylers Herz fing an, wie wild in seiner Brust zu klopfen. Er war nicht berühmt. Noch nicht. Aber vielleicht bald! Wenn er bei dem Casting etwas Glück hatte. Ein berühmter Schauspieler sein, das war Tylers größter Traum. Im Rampenlicht stehen. Von anderen auf der Straße erkannt werden. Autogramme geben. All das eben. Gestern hatte er in seinem Newsfeed gelesen, dass in seiner Stadt demnächst ein Krimi gedreht wurde. Dafür wurden Statisten und Statistinnen gesucht. Und kleine Sprechrollen vergeben. Heute fand dazu die Auswahl statt. Natürlich hatte er alles drangesetzt, um mitzumachen. Tyler hatte seine Mutter so lange bequatscht, bis sie ihm eine Entschuldigung für die sechste Schulstunde geschrieben hatte. Jetzt saß er schon seit einer Stunde im Eingangsbereich der Stadthalle und wartete. Er musste einfach eine Rolle in dem Film bekommen! Dann war der erste Schritt in Richtung Berühmtsein gemacht. Tyler sprang auf.
„Ja, ich bin hier“, rief er und ging mit schnellen Schritten zu der Frau mit der Liste, die ihn aufgerufen hatte.

„Moment noch“, sagte die Frau und fuhr mit ihrem Kuli die Liste entlang. Tyler sah sich um. Mit ihm warteten sicher über 200 Leute. Die wollten alle eine Rolle in dem Film ergattern. Tyler kniff die Augen zusammen und musterte einige. Der mit der Glatze hatte bestimmt keine Chance. Aber die mit dem grünen Top sah gut aus. Ob die genommen wurde?

„Komm bitte mit. Du musst dich gleich auf die Markierung auf dem Boden stellen. Alles andere sagt dir dann die Jury“, erklärte die Frau und schob Tyler in einen großen Raum.

ISBN 978-3-8346-4439-8 | www.verlagruhr.de

Ich werde ein Star! | 2/3

Die Tür fiel hinter ihm zu. Tyler sah eine blaue Klebeband-Linie. Er ging mit gesenktem Blick darauf zu. Dann blieb er stehen und hob den Kopf.
„Du bist also Tyler“, sprach ihn ein Mann an. Neben ihm saßen noch drei weitere Personen hinter einem langen Tisch und sahen ihn an. Tyler merkte, dass sich sein Hals ganz trocken anfühlte.

„Wir suchen eine Person, die eine kleine Sprechrolle übernimmt. Kannst du uns mal ein bisschen was über dich erzählen?“, forderte eine der Frauen ihn auf.
Tyler nickte und öffnete den Mund. Er wollte etwas sagen. Aber es kam kein Ton heraus. Mist! Tyler schluckte.
„Du musst nicht aufgeregt sein“, meinte einer der Männer.
Ja, klar! Der hatte leicht reden. Tyler wischte sich seine schweißnassen Hände an der Jeans ab. Dann holte er tief Luft.
„Ich bin Tyler und gehe noch zur Schule“, sagte er. Es hörte sich mehr wie ein Krächzen an.
Eine der Frauen lächelte ihn an und nickte.
„Ich möchte Schauspieler werden“, fügte er an. Wieder klang seine Stimme kratzig. So sprach er sonst nie.
„Gut. Wir haben genug gehört. Du kannst draußen warten. Es wird etwas dauern. Dann bekommst du Bescheid“, sagte der Mann.
Er sah auf den Zettel vor sich und machte sich eine Notiz. Tyler vergrub seine Hände in den Hosentaschen. Mit hängendem Kopf verließ er den Raum.

Es dauerte noch über zwei Stunden. Zwei lange Stunden, die Tyler wie Tage vorkamen. Gemeinsam mit allen anderen wartete er ungeduldig auf das Ergebnis. Neben Tyler wurde gemurmelt, gehüstelt und mit den Füßen auf den Boden getippt. Dann endlich kam die Frau mit der Liste und hob die Hand. Mit einem Schlag war es ganz still in dem großen Vorraum.
„Ich lese diejenigen vor, die eine Rolle bekommen haben“, sagte sie und fuhr mit dem Finger auf dem Papier entlang.
Dann nannte sie ungefähr zehn Namen.
Tyler war nicht dabei.
„Alle anderen können wieder gehen. Vielen Dank für's Kommen“, beendete sie ihre Rede.
Für Tyler fühlte es sich an, als würde der Boden unter ihm wanken. Er war nicht dabei! Keine Rolle für ihn. So ein verdammter Mist. Er hatte es verbockt! Am liebsten hätte er geheult! Tyler trottete mit hängendem Kopf nach draußen. Er sah weder nach rechts noch nach links. Sein Traum war geplatzt. Dabei wollte er doch so gerne berühmt sein.

„Bleib stehen! Halt!“, schrie jemand. Tyler schrak hoch. Er stand auf dem Platz vor der Stadthalle. Tyler sah sich um. Hinter ihm kam jemand angelaufen. Es war ein Mädchen, das wild mit den Händen ruderte. Es meinte nicht ihn. Es meinte das schwarze Fellbündel. Ein großer Hund flitzte mit hoher Geschwindigkeit direkt an Tyler vorbei. Seine Leine zog er hinter sich auf dem Boden her. Der Verkehr auf der Straße war dicht. Der Hund war nur noch wenige Meter von den Autos entfernt.

ISBN 978-3-8346-4439-8 | www.verlagruhr.de

Ich werde ein Star! | 3/3

„Nicht über die Straße!", brüllte das Mädchen. Es hörte sich verzweifelt an. Tyler gab sich einen Ruck. Dann machte er einen Satz. Hechtete wie ein Stuntman im Film auf den Hund zu. Griff im Fallen nach dem Ende der Leine. Bekam es zu fassen. Wurde vom Hund noch ein Stück mitgezogen. Dann spürte er einen Ruck in der Hand. Die Leine lockerte sich. Der Hund stand still. Tyler lag auf dem Boden und hielt die Leine fest.

Als Tyler sich aufrappelte, stand das Mädchen atemlos neben ihm. Tyler klopfte sich die Hose ab. Ein kleiner Riss am Knie. Ansonsten war alles an ihm heil geblieben. Tyler grinste schief und gab dem Mädchen die Leine.
„Wow. Das war Wahnsinn! Du hast meinen Hund gerettet!", flüsterte es.
„Hörst du, Charlie. Wenn der hier nicht gewesen wäre ... Ich darf gar nicht daran denken."
„Schon gut", meinte Tyler verlegen.
Fünf Minuten später wusste er, dass das Mädchen Charlotte hieß. Er lachte mit ihr gemeinsam über die Kombination Charlie und Charlotte. Und er erfuhr, dass der Hund auf der anderen Straßenseite auf dem Grünstreifen bestimmt einen Hasen gesehen hatte. Und dass Charlie bei Hasen immer ausflippte. Und sich deshalb losgerissen hatte. Und dass Tyler für Charlotte ein echter Star war.
„Kann ich noch ein Foto mit dir und mit Charlie machen?", frage Charlotte zum Abschied.
Tyler nickte.
„Wenn du einverstanden bist, poste ich das auf meiner Seite und verlinke dich. Damit alle wissen, dass du ein Held bist", meinte sie.

Als Tyler am nächsten Tag zur Schule kam, wurde er von allen möglichen Leuten angesprochen. Mit manchen von ihnen hatte er noch nie zu tun gehabt.
„Krass!"
„Tolle Aktion!"
„Bist du nicht Tyler? Klasse reagiert."
Und plötzlich fühlte sich Tyler irgendwie berühmt. Vielleicht sollte er sich einfach mal Zeit nehmen, um Sprechrollen zu üben. Und wenn es nicht klappt mit der Schauspielkarriere, könnte er ja stattdessen Lebensretter werden. Oder Stuntman. Oder vielleicht fiel ihm auch noch etwas ganz anderes ein, das gut zu ihm passte.

ISBN 978-3-8346-4439-8 | www.verlagruhr.de

Ich werde ein Star!: Aufgaben

Inhaltliche Erschließung

❶ Am Anfang der Geschichte wird Tylers Tagtraum erzählt.
Wann hast du gemerkt, dass Tyler sich die Szene nur vorstellt? Unterstreiche die entsprechende Textstelle.

❷ Streiche die falschen Antworten:

a) Wo befindet sich Tyler am Anfang der Geschichte?
- auf der Straße
- im Eingangsbereich der Stadthalle
- in der Schule

b) Was will er dort?
- Eis essen
- vor einer Jury singen
- vor einer Jury vorspielen

c) Warum klappt das nicht?
- Tyler ist nicht gut genug.
- Tyler ist nicht groß genug.
- Tyler kommt zu spät.

d) Wer sind Charlotte und Charlie?
- zwei Jurymitglieder
- eine Katze und ein Junge
- ein Mädchen und ein Hund

e) Wie geht Tylers Wunsch am Ende der Geschichte doch noch ein bisschen in Erfüllung?
- Tyler wurde „irgendwie berühmt“.
- Tyler hat sich verliebt.
- Tyler hat doch noch eine Rolle in einem Film bekommen.

Gesamtverständnis

❶ Tyler möchte gerne Schauspieler werden. Welche Fähigkeiten braucht man dazu? Bringt Tyler die mit? Sprecht in der Klasse darüber.

❷ Tyler fühlt sich am Ende der Geschichte „irgendwie berühmt“. Welche berühmten Menschen fallen euch ein? Schreibt sie auf und stellt sie euch gegenseitig vor. Sprecht dann in der Klasse darüber:

a) Wann ist man wirklich berühmt?

b) Denkt ihr, es gibt einen Unterschied zwischen „bekannt“ und „berühmt“?

Weiterführende Aufgaben

❶ Finde im Internet konkrete Beispiele zu Vorteilen und Nachteilen von Prominenz. Notiere deine eigene Meinung dazu.

❷ Wärst du gerne berühmt? Wie stellst du dir das vor? Wofür würdest du gerne berühmt sein? Sprich mit einem Partner oder einer Partnerin darüber.

ISBN 978-3-8346-4439-8 | www.verlagruhr.de

Du hast mir gar nichts zu sagen | 1/3

„Frühstück ist fertig!"
Oh, nein! Konnte man nicht mal am Samstag seine Ruhe haben? Mascha wälzte sich im Bett herum und zog sich die Decke über den Kopf.
„Mascha, kommst du?", drang Mamas Stimme wie durch Watte an ihr Ohr.
Stöhnend strampelte Mascha die Bettdecke nach unten. Wieso musste ihre Mutter denn unbedingt auf „tolles Zuhause" und „wir haben uns alle lieb" machen? Ein Zuhause mit Wohlfühlfaktor. In dem man selbstverständlich am Wochenende zusammen frühstückte. Mascha hasste ihr Zuhause. Zumindest seit zwei Wochen. Genauer gesagt, seit Eugen eingezogen war. Seitdem sprach Mascha nur noch das Nötigste. Mit Mama. Mit Eugen sprach sie gar nicht.
„Sie wird sich schon noch daran gewöhnen", hatte sie Mama gestern flüstern hören.
Nein! Niemals! Das würde nicht passieren. Da war Mascha sich sicher. Sie würde einfach die nächsten dreieinhalb Jahre weiterschweigen. Solange, bis sie endlich 18 war. Dann würde sie ausziehen. Und dann konnte Mama mit Eugen auf Liebesnest ohne Kind machen. Das war ihr dann scheißegal.

Mascha seufzte und stieg aus dem Bett. Im Schlafanzug schlurfte sie in die Küche. Der Tisch war gedeckt. Mama hantierte an der Kaffeemaschine herum. Eugen grinste Mascha mit seinem Zahnpasta-Lächeln an.
„Na, gut geschlafen?", fragte er.
Mascha sah auf ihre Fingernägel. Die könnten mal wieder neue Farbe gebrauchen. Der alte Lack blätterte schon an den beiden Zeigefingern ab.
„Mascha, jetzt gib doch eine Antwort, wenn Eugen dir eine Frage stellt", sagte Mama.
Mascha dachte nicht im Traum daran. Sie schnappte sich ihre Müslischale aus dem Regal und ließ sich auf die Eckbank fallen. Eugen hielt ihr die Packung mit dem Müsli hin. Aber Mascha griff daran vorbei und angelte sich die Haferflocken. Sie füllte sich ihre Schale, kippt noch Milch darüber und zog dann das Glas mit der Nuss-Nugat-Creme heran. Es gab nichts Besseres, als schokoladige Creme in Haferflocken zu rühren, fand Mascha.
„Das ist aber ziemlich ungesund, was du da machst", sagte Eugen.
Arschloch! Wollte der sie jetzt erziehen, oder was?

Als sie ihre Frühstücksflocken schweigend in sich hineingeschaufelt hatte, stand Mascha auf.
„Wir wollten heute zum See fahren. Kommst du mit?", fragte Mama.
„Nope", entgegnete Mascha und ging aus der Küche.
„Wir können auch etwas anderes zusammen machen. Hast du einen Vorschlag?", rief Mama ihr nach.
Zusammen? Damit waren bisher immer Mascha und Mama gemeint gewesen. Mascha und Mama – sie waren so etwas wie ein echtes Team. Mit Eugen gab es kein „zusammen"!
Gerade wollte Mascha die Zimmertür hinter sich schließen, als Eugen in den Flur trat.
„Komm doch mit. Deiner Mutter zuliebe. Sie würde sich echt freuen", sagte er.

Mascha gab der Tür einen Stoß, dass sie krachend ins Schloss fiel.

Endlich Ruhe! Mascha warf sich aufs Bett. Sie würde jetzt erst mal ihr Wochenende planen. Ohne Eugen-Mama-Generve. Vielleicht eine Runde shoppen mit Khaira. Oder ins Waldbad mit Roxana und Farid. Mascha fing an, Nachrichten zu verschicken. Khaira war übers Wochenende zu ihrer Tante gefahren. Roxana musste für die Chemiearbeit büffeln. Wenn sie die nicht mit mindestens einer Drei schaffte, würde sie die Klasse wiederholen müssen. Und Farid antwortete nicht. Mist! Mascha pfefferte ihr Handy aufs Kissen.
„Na, dann eben Nägel lackieren", murmelte sie.
Da klopfte es an der Tür.
„Was sollen wir denn heute Abend kochen?", frage Mama, ohne die Tür zu öffnen.
Aha, jetzt sollte Mascha also mitentscheiden. Das hätte sich Mama ja auch mal früher überlegen können. Zum Beispiel, bevor sie einfach entschieden hatte, dass Eugen einzog. Zack! Da war Mascha einfach vor vollendete Tatsachen gestellt worden.
„Du magst ihn doch. Deshalb wird das schon klappen", war alles gewesen, was Mama dazu gesagt hatte.

Mascha gab Mama keine Antwort. War ihr doch egal, was es heute zum Essen gab. Stattdessen dachte Mascha an den Tag, als Eugen eingezogen war. Er stand mit sechs Umzugskisten vor der Tür. Nahm einfach Papas altes Arbeitszimmer in Beschlag. Das war so etwas wie eine Rumpelkammer, seit Papa vor zwei Jahren ausgezogen war. Aber es war Papas Zimmer, nicht Eugens. Dieser Arsch! Klar hatte Mascha ihn zuerst ganz okay gefunden. Als er noch nicht bei ihnen gewohnt hatte. Sie hatte Mama gegönnt, dass sie so glücklich war.
„Eugen hat eine schwere Zeit hinter sich. Seine Frau ist bei einem Autounfall gestorben", hatte ihr Mama mal erklärt.
Das war passiert, als sie allein unterwegs war. Eugen hatte nicht mit im Auto gesessen. Ja, das war natürlich schon echt scheiße. Mascha hatte sogar ein bisschen Mitleid mit Eugen gehabt. Und Eugen hatte sich am Anfang auch wirklich sehr bemüht. Er hatte Mascha Konzertkarten für diese gerade mega angesagte Band geschenkt. Natürlich hatte Mama da ihre Finger im Spiel gehabt. Mascha hatte sich trotzdem gefreut. Und er hatte ihr den Download ihrer Lieblingsserie spendiert. Das war super. Aber dass er jetzt hier einfach eingezogen war, das war so nicht abgemacht!

Mascha hörte, wie die Wohnungstür zu fiel. Also waren Mama und Eugen jetzt wohl ohne sie aufgebrochen. Gut so. Mascha schlurfte zur Tür. Eine Tasse Chai-Tee mit viel Milch – das war jetzt genau das Richtige. Mit der würde es sich Mascha im Wohnzimmer gemütlich machen. Auf dem Weg zur Küche musste sie einen großen Schritt über die grauen Pantoffeln machen, die mitten im Flur auf dem Boden standen. Jetzt lagen auch noch die Latschen von Eugen hier herum! Mascha gab den Schuhen einen Tritt, sodass sie in die Ecke schlitterten. In der Küche griff sie nach dem Wasserkocher und

ISBN 978-3-8346-4439-8 | www.verlagruhr.de

füllte ihn auf. Vor sich hinsummend, packte Mascha einen Teebeutel aus. Sie holte ihre Lieblingstasse aus dem Schrank. Das Frühstücksgeschirr, das immer noch auf der Ablage stand, schob sie einfach beiseite. Leider ein Stück zu weit. Es klapperte und scharrte. Die Kaffeekanne schlitterte zum Rand. Wankte kurz. Fiel dann wie in Zeitlupe zu Boden. Und zersprang dort mit einem lauten Klirren in tausend Scherben. Mist! Mascha fluchte.

Plötzlich stand Eugen in der Tür.
„Sag mal, kannst du nicht aufpassen?“, brummte er.
Was machte der denn hier? War Mama allein weggefahren?
„Deine Mutter ist beim Einkaufen“, erklärte Eugen.
Ah, so war das also. Eugen fühlte sich auch ohne Mama hier schon wie zu Hause.
„Sie ist in einer halben Stunde zurück. Du solltest dich also beeilen, die Scherben aufzusammeln.“
Hatte der einen Knall? Eugen hatte ihr gar nichts zu sagen! Die Lust auf Tee war Mascha auch vergangen. Sie stieg vorsichtig über die Glasscherben. Wollte sich einfach an Eugen vorbei aus der Küche schieben. Doch Eugen machte sich im Türrahmen breit.
„Ich finde, du solltest jetzt mal aufhören mit dem Theater“, meinte er und verschränkte die Arme vor der Brust.
Mascha funkelte Eugen wütend an. Der spielte sich ja auf, als wäre er Maschas Vater. Das konnte er aber ganz schnell knicken!
„Deine Mutter ist schon ganz fertig, weil du dich so aufführst. Und ich geb mir ja auch alle Mühe. Da könntest du doch endlich mal vernünftig sein“, fuhr er fort.
Am liebsten hätte Mascha ihn angeschrien. Aber sie würde jetzt auf keinen Fall ihr Schweigen brechen. Jetzt erst recht nicht!

Gut, dann würde sie eben die Scherben auffegen. Alles war besser, als mit Eugen zu reden. Mascha drehte sich um und ging zum Küchenschrank. Dort holte sie den kleinen Kehrbesen und die Schaufel heraus.
„Komm, ich helf dir“, bot Eugen an und ging in die Hocke.
Er wollte Mascha gerade die Schaufel aus der Hand nehmen. Da fuhr Mascha hoch. Sie spürte, wie sie beinahe zerplatzte. Alles tat ihr plötzlich weh. Der Hals. Der Bauch. Der Kopf. Ihr Mund bewegte sich lautlos. Da waren Worte, die wollten unbedingt heraus. Mascha biss sich auf die Lippen. Versuchte, die Worte zurückzudrängen.
„Du hast mir gar nichts zu sagen! DU HAST MIR GAR NICHTS ZU SAGEN!“, schrie es in ihrem Kopf. Immer wieder. Mascha wollte es herausbrüllen. Eugen entgegenschreien. Wollte ihm genauso wehtun, wie es ihr gerade wehtat. Mascha öffnete den Mund.
„Du ...“, setzte sie an. Stoppte kurz. Dann hörte sie sich sagen: „Ich wünschte, du hättest in dem Auto gesessen, als der Unfall passiert ist. Nicht deine Frau!“

ISBN 978-3-8346-4439-8 | www.verlagruhr.de

Du hast mir gar nichts zu sagen: Aufgaben

Inhaltliche Erschließung

❶ Beantworte die folgenden Fragen schriftlich:
   a) Seit wann hasst Mascha ihr Zuhause?
   b) Wer nervt Mascha? Warum?
   c) Was hat Mascha vor, wenn sie 18 ist? Wie lange dauert das noch?

❷ Versuche, die Geschichte in acht Sätzen nachzuerzählen. Schreibe deine Sätze auf.

❸ Was will Mascha mit dem Ausspruch am Ende der Geschichte bewirken? Sprich mit einem Partner oder einer Partnerin darüber.

Gesamtverständnis

❶ Anfangs fand Mascha Eugen ganz okay. Dann ändert sich ihre Meinung über ihn. Warum hat Mascha Eugen am Anfang gemocht? Warum hat sich das geändert? Hast du auch schon einmal erlebt, dass sich deine Gefühle für einen Menschen mit der Zeit verändert haben? Sprecht in der Klasse darüber.

❷ Wie fühlt sich Mascha wohl am Ende der Geschichte nach ihrem Ausruf? Wie fühlt sich Eugen? Notiere deine Antwort.

❸ Stelle dir vor, Mascha schreibt ihrer Freundin Khaira nach der Auseinandersetzung mit Eugen eine Textnachricht. Schreibe auf, wie Maschas Nachricht lauten könnte.

Weiterführende Aufgaben

❶ Hast du schon einmal jemanden so richtig verletzt? Wie hast du dich danach gefühlt? Wie ließ sich die Situation lösen? Sprich mit einem Partner oder einer Partnerin darüber.

❷ Stelle dir vor, Mascha erzählt dir von ihrer Situation. Was würdest du ihr raten? Versucht, das Gespräch in der Klasse mehrmals durchzuspielen. Notiert alle Ratschläge, die ihr geben würdet.

ISBN 978-3-8346-4439-8 | www.verlagruhr.de

Warum ist Liebe nur so kompliziert? | 1/3

Ich stehe jetzt schon zehn Minuten vor dem Spiegel. Zu einem Ergebnis bin ich immer noch nicht gekommen. Soll ich nun die rote Jeans oder doch lieber das blaue Kleid zur Party anziehen? Ich versuche, mein Spiegelbild anzulächeln. Aber der Versuch missglückt. Mein Lachen sieht gekünstelt aus. Kein Wunder. Denn wenn ich ehrlich bin, habe ich gar keine Lust auf die Party bei Leila. Doch es hilft nichts. Ich habe Diego versprochen, mitzukommen. Für Diego sind Partys das Größte. Ich dagegen würde viel lieber zu Hause bleiben. Mit Diego zusammen Musik hören. Oder einen Film streamen. Uns einfach einen gemütlichen Abend machen. Ich zupfe an meinem Oberteil und seufze.

Als ich mich eine halbe Stunde später endlich für ein Outfit entschieden habe, klingelt es. Diego steht vor der Tür. Er sieht wirklich toll aus. Die Lederjacke hat er sich lässig über die Schultern gehängt. Das enge Shirt steht ihm. Diego mustert mich.
„Können wir?", fragt er und ist schon im Treppenhaus.
Ich hatte gehofft, dass wir wenigstens noch eine Stunde für uns haben. Ist doch egal, wann wir bei der Party ankommen. Eigentlich wollte ich Diego das auch vorschlagen. Aber stattdessen schlüpfe ich in meine Schuhe mit den hohen Absätzen. Vorsichtig setze ich einen Fuß vor den anderen. Komme mir verkleidet vor. Versuche, die Balance zu halten. Und mit Diegos Tempo mitzuhalten. Der ist nämlich schon ein Stockwerk tiefer.
„Jetzt warte doch mal", murmle ich. Aber nur ganz leise.

„Diego, Vanessa! Da seid ihr ja!"
Leila begrüßt uns überschwänglich. Küsschen rechts. Küsschen links. Ich finde das albern. Aber ich mache trotzdem mit.
„Bedient euch einfach bei den Getränken", meint Leila.
Dann ist sie verschwunden. Die Party ist schon in vollem Gange. Einige Leute schieben sich an uns vorbei. Ich folge Diego ins Wohnzimmer. Hier ist es ziemlich dunkel. Nur einige Lichterketten an den Wänden sorgen für schummrige Beleuchtung. Die Musik wummert.
„Ich hol uns was zu trinken!", brüllt Diego in mein Ohr. Hier ist es so laut, dass man kaum sein eigenes Wort versteht.
„Für mich eine Cola bitte!", rufe ich ihm nach. Aber ich bin mir nicht sicher, ob er das gehört hat.

Während ich auf Diego warte, sehe ich mich um. Zuckende Körper bewegen sich im Takt der Musik. Lauter unbekannte Gesichter. Nein, halt, hinten an der Terrassentür steht Tara. Sie ist vor einigen Wochen neu an unsere Schule gekommen. Mehr als ihren Namen weiß ich nicht von ihr. Jetzt hat sie mich auch entdeckt. Sie winkt. Bevor ich zurückgrüßen kann, steht Diego neben mir. Er drückt mir eine Flasche Bier in die Hand.
„Aber ich mag doch gar kein Bier", sage ich schwach. Diego hat es trotzdem verstanden. Er zuckt mit den Schultern.
In meinem Hals ist plötzlich ein dicker Knoten. Diego wirft mir einen genervten Blick zu. Und schon ist er wieder weg. Bewegt sich mit wiegenden Schritten in die Mitte des Zimmers. Dorthin, wo die ganzen

ISBN 978-3-8346-4439-8 | www.verlagruhr.de

Leute tanzen. Er hebt seine Arme nach oben. Schwingt sie langsam hin und her. In der einen Hand hält er seine Bierflasche. Sein Blick ist nach unten gerichtet. Er wiegt seine Hüften. Macht kleine Schritte mit den Füßen. Geht leicht in die Knie. Und sieht dabei umwerfend aus.

Das finde wohl nicht nur ich. Ein Mädchen in knappem Rock und glitzerndem Trägertop tanzt Diego an. Der hebt den Kopf und lächelt breit. Na, wunderbar! Jetzt flirtet er auch noch vor meinen Augen. In meinem Brustkorb beginnt es, zu stechen. Es fühlt sich an, als würden kleine Nadeln in mein Herz piksen. Das will ich mir jetzt nicht länger mitansehen. Ich beschließe, erst mal zu gucken, wo hier die Toilette ist. Ich stelle meine Bierflasche auf einer Kommode ab. Langsam gehe ich aus dem lauten Wohnzimmer in den Flur. Dabei sehe ich mich nach der richtigen Tür um. Meistens sind ja Toiletten in Häusern gleich neben dem Eingang. Also bewege ich mich dorthin. Bleibe kurz stehen, weil sich jemand neben mir vorbeidrängt. Plötzlich spüre ich eine kalte Hand auf meinem Oberarm. Ich drehe mich um. Hinter mir steht Tara, die Neue.
„Hey! Schön, ein bekanntes Gesicht zu sehen“, sagt sie und grinst mich an.
„Ja, hi“, sage ich. Mehr fällt mir dazu nicht ein.
„Suchst du etwas?“, will Tara jetzt wissen. Eigentlich nicht. Ich muss gar nicht. Die Toilette wäre nur ein ruhiger Ort gewesen. Ein Ort, an dem ich mir Diegos Geflirte nicht mitansehen muss. Darum schüttle ich den Kopf.
„Wollen wir uns vielleicht hier hinsetzen?“, fragt Tara und deutet auf die leeren Treppenstufen links von uns.
Sie sieht mich erwartungsvoll an. Wartet ab, ob ich mit ihrem Vorschlag einverstanden bin. Ziemlich nett, finde ich. Also nicke ich und lasse mich auf eine Treppenstufe sinken. Ich rutsche ganz nah ans Geländer, damit neben mir noch Leute nach oben gehen können. Tara setzt sich eine Stufe unter mich. Sie dreht sich um und lächelt wieder. Gerade will sie etwas sagen. Ihr Mund ist bereits offen. Doch bevor sie ein Wort herausbringt, steht plötzlich Diego vor uns.
„Da bist du ja. Ich hab dich schon gesucht.“ Diego Stimme klingt scharf.
Schnell stehe ich auf. Diego greift nach meiner Hand und zieht mich mit sich. Ich werfe Tara noch einen kurzen Blick zu. Dann lasse ich mich von Diego ins Wohnzimmer führen. In meinem Rücken spüre ich Taras Blick.

Als wir wieder im Zentrum der Party stehen, lässt Diego meine Hand los.
„Sag mal, geht's noch? Wieso hängst du mit anderen rum?“, fährt er mich an.
„Weil du dich anscheinend blendend ohne mich amüsierst“, will ich sagen. Aber aus meinem Mund kommt kein Ton.
„Diego, komm tanzen“, sagt eine Stimme neben uns. Eine Hand mit roten Fingernägeln streicht durch Diegos Haar. Das Mädchen von vorhin. Ich merke, dass ich nur noch eines will: nach Hause! Aber ich traue mich nicht, einfach zu gehen. Das würde Diego sicher enttäuschen und das möchte

ISBN 978-3-8346-4439-8 | www.verlagruhr.de

ich nicht. Also zusammenreißen. Ich atme tief durch und schließe kurz die Augen. Als ich sie wieder öffne, ist Diego verschwunden. Das Mädchen mit den roten Nägeln auch. Ich sehe mich suchend um. Da entdecke ich die beiden am Tisch mit den Getränken. Diego wirft gerade seinen Kopf in den Nacken und lacht. Das Mädchen lächelt und gestikuliert mit den Händen. Meine Wangen fangen an, zu glühen. Meine Hände zittern. Was soll ich denn jetzt machen? Abhauen? Hingehen? Ich kann mich nicht entscheiden. In meinem Kopf ist nur Watte.

„So schnell sieht man sich wieder", sagt jemand.
Ich brauche einen Augenblick, bis ich merke, dass ich gemeint bin. Neben mir steht Tara.
„Du siehst nicht gerade aus, als hättest du Spaß", stellt sie fest.
Ich werfe ihr einen Blick zu. Dann zucke ich mit den Schultern. Meine Augen suchen sofort wieder Diego. Jetzt hat er einen Arm um die Taille des Mädchens gelegt. Ich schnappe nach Luft. Tara deutet mit dem Finger in Diegos Richtung.
„Bist du wegen dem so mies drauf?", fragt sie.
Ich gebe keine Antwort.
„Wer ist das überhaupt?", will Tara wissen.
„Mein Freund", sage ich heiser.
„Echt? Er scheint das aber sehr locker zu sehen, so wie er sich gerade verhält."
Tara klingt überrascht.
„Ich finde die Party hier ziemlich langweilig. Hast du vielleicht Lust, noch woanders hinzugehen?", fragt sie dann.
Ich hebe erschrocken meinen Kopf.
„Nein. Ich meine, ich bin mit meinem Freund hier."
„Aha", sagt Tara. „Ihn scheint das aber nicht zu interessieren. Warum möchtest du bleiben?"
„Weil ich ihn liebe", sage ich.
Tara macht große Augen. „Das ist keine Liebe. Das ist …"
Ich werfe einen Blick auf Diego. Sehe, wie er sich amüsiert. Dann unterbreche ich Tara.
„Das ist keine Beziehung auf Augenhöhe. Ich möchte gehen!"
„Na, worauf wartest du dann noch?", fragt Tara.
Sie streckt mir ihre Hand hin. Ich greife danach. Dann verlassen wir zusammen die Party.

ISBN 978-3-8346-4439-8 | www.verlagruhr.de

Inhaltliche Erschließung

❶ Ordne folgende Antworten den Fragen zu.
Löse die Aufgabe schriftlich:

▸ aus der Schule ▸ im Wohnzimmer ▸ Vanessa und Diego
▸ das Mädchen mit den roten Nägeln und Tara ▸ bei Leila

a) Wie heißen die beiden Hauptpersonen der Geschichte?
b) Die Geschichte dreht sich um eine Party. Bei wem findet sie statt?
c) In welchem Raum ist das „Zentrum der Party"?
d) Welche zwei Personen spielen auf der Party noch eine Rolle?
e) Woher kennt Vanessa das andere Mädchen?

❷ Diego geht nicht gut mit Vanessa um. Welches Verhalten von ihm ist nicht in Ordnung? Unterstreiche die Stellen im Text.

Gesamtverständnis

❶ Vanessa beschreibt ihre Gefühle in der Geschichte mit Bildern:
a) „In meinem Hals ist plötzlich ein dicker Knoten."
a) „Es fühlt sich an, als würden kleine Nadeln in mein Herz piksen."
a) „In meinem Kopf ist nur Watte."
Welche Gefühle sind damit gemeint? Kennst du diese Gefühle? Wann hast du selbst schon einmal so gefühlt? Mache dir Notizen und sprich mit einem Partner oder einer Partnerin darüber.

❷ Diego behandelt Vanessa nicht gut. Diskutiert in der Klasse: Was sagt sein Verhalten über seine Beziehung mit Vanessa aus? Erarbeitet Vorschläge, wie Diego sich besser verhalten könnte.

❸ Wie hättest du an Vanessas Stelle auf das Verhalten von Diego reagiert? Beantworte die Frage schriftlich.

Weiterführende Aufgaben

❶ Stellt euch vor, Vanessa verbringt den weiteren Abend mit Tara. Worüber sprechen die beiden? Schreibt zu zweit einen kurzen Dialog. Tragt ihn anschließend in der Klasse vor.

❷ Es gibt viele Webseiten und Apps, auf denen man Rat bei Problemen, auch in Sachen Liebe und Beziehung, bekommen kann. Recherchiert, welche Seiten und Apps es gibt. Würdet ihr eines dieser Angebote testen? Warum? Sprecht in der Klasse darüber.

ISBN 978-3-8346-4439-8 | www.verlagruhr.de

Wer braucht schon einen Abschluss? | 1/3

Arian schaute aus dem Fenster und tat gelangweilt. Aus den Augenwinkeln beobachtete er Herrn Yilmaz. Der Lehrer stand hinter seinem Pult und zog einen Packen Blätter aus seiner Tasche.
„So, liebe Leute. Jetzt bekommt ihr eure Mathearbeiten zurück“, sagte er. Arian hörte ein Rascheln. Herr Yilmaz blätterte durch die Papiere.
„Suri. Schöne Arbeit“, sagte er und legte Arians Sitznachbarin ein Blatt auf den Tisch. Arian linste hinüber. Eine Zwei. War ja klar. Suri war einfach gut in Mathe. Arian hätte gerne bei ihr abgeschrieben. Aber da war bei Suri nichts zu machen.
„Lern gefälligst selber“, hatte sie ihn während der Prüfung angepflaumt. Und dann schnell ihren Arm über das Aufgabenblatt gelegt.
„Bartek. Du hast dich wirklich verbessert. Anscheinend hast du kapiert, dass es Richtung Abschluss geht. Sieht gut aus“, lobte Herr Yilmaz.
Arian reckte den Kopf. Er sah, wie Bartek sein Blatt entgegennahm. Dann sprang er auf.
„Yeah! Eine Drei. Ich bin echt voll der Checker!“

Herr Yilmaz blieb vor Arian stehen. Er rückte seine Brille zurecht und seufzte.
„So wird das nichts“, sagte er und legte Arian die Arbeit verdeckt auf den Tisch. Arian drehte das Blatt um. Er kniff die Augen zusammen und fixierte die rechte obere Ecke des Papiers. Dort stand in Knallrot: Sechs. Arian hatte es geahnt. Woher sollte er auch wissen, wo irgendein langweiliger Scheitelpunkt lag? Was sollte der Scheiß? Wer bitte schön dachte sich solche Aufgaben aus? Arian verschränkte seine Arme vor der Brust.
„Denkst du eigentlich auch mal an deinen Schulabschluss?“, fragte Herr Yilmaz.
Arian reckte sein Kinn nach vorne.
„Wer braucht schon einen Abschluss?“, meinte er und versuchte, ganz cool zu klingen.
Herr Yilmaz schüttelte den Kopf und ging weiter. Arian schaltete auf Durchzug. Der Yilmaz konnte ihn mal! Beim nächsten Test würde er einfach gar nicht mehr mitschreiben. Das leere Blatt abgeben. Einfach chillen. Während die anderen sich abrackerten. Genau! Und so würde er es auch in Englisch und Deutsch machen.

Arian war erleichtert, als es gongte. Endlich Schulschluss. Von der restlichen Mathestunde hatte er nichts mitbekommen. Er hatte einfach aus dem Fenster gestarrt. Arian sprang auf. Er schnappte sich seinen Rucksack und trottete aus dem Klassenzimmer.
„Hey! Ich hab eine Drei. Wie cool ist das denn?“, grölte Bartek von hinten.
Arian fuhr herum. Mann, wie breit der grinsen konnte!
„Ich glaub, ich hab es echt kapiert“, meinte Bartek.
Arian legte an Tempo zu. Merkte Bartek nicht, dass er ihm auf die Nerven ging?
„Warte doch mal!“, rief Bartek ihm nach. Sekunden später war er wieder neben Arian. Als sie draußen angekommen waren, boxte Bartek ihm auf die Schulter.

„Bei dir lief es wohl nicht so gut?“, fragte er und lächelte schief.
Arian hätte ihm am liebsten eine reingehauen.
„Sollen wir vielleicht mal zusammen lernen? Könnte mir auch irgendwie helfen. Und dann ist es nicht so langweilig“, schlug Bartek vor.
Arian hob ruckartig den Kopf und starrte seinem Kumpel in die Augen.
„Lass mich in Ruhe“, sagte er scharf.
Aber Bartek ließ nicht locker.
„Wenn wir zusammen lernen, kriegst du das mit dem Abschluss bestimmt noch hin“, meinte er freundlich.
Arian holte tief Luft. Dann brüllte er: „Ich! Scheiß! Auf! Den! Abschluss! Und jetzt hau ab!“
Bartek riss die Augen auf. Dann tippte er sich mit dem Finger an die Stirn.
„Du bist doch auch nur so ein Arschkriecher! Ein Lehrerliebling. Wenn du mich fragst: ein echter Vollpfosten!“, feuerte Arian eine Beleidigung nach der anderen ab.
Jetzt hatte Bartek genug.
„Arschloch“, zischte er. Und dann ließ er Arian mitten auf dem Schulhof stehen und ging.

Arian hatte keine Lust, gleich nach Hause zu gehen. Bestimmt würde Papa wissen wollen, ob sie die Mathearbeit schon zurückhatten. Das musste er jetzt echt nicht haben. Arian schlug den Weg zur Wiesensiedlung ein. Dort gab es einen Ort, an dem er sich am allerliebsten aufhielt: in der Werkstatt von Heinz.
„Willst du mal wieder Holzduft schnuppern?“, begrüßte ihn der Schreiner, als Arian die Werkstatt betrat.
Arian atmete tief durch die Nase ein.
„Klar! Besser als jedes Parfüm“, lachte er.
„Kannst du mir mal den Holzleim geben?“, fragte Heinz.
Er streckte den Arm aus, ohne hinzusehen.
Arian griff nach der Leimflasche und reichte sie Heinz. Sie waren ein eingespieltes Team.
„Na, was gibt es Neues bei dir?“, fragte Heinz.
Arian sagte nichts. Er hielt unaufgefordert das Brett fest, damit Heinz die Kante mit Leim bestreichen konnte. Heinz hob den Kopf und sah ihn an.
„Hey, hat es dir die Sprache verschlagen?“
Arian stöhnte leise.
„Hat was mit der Schule zu tun, hab ich Recht?“, brummte Heinz.
Er nahm Arian das Brett aus der Hand. Arian reichte ihm die Schraubzwinge.
„Die hast du ja bald hinter dir. Und dann fängst du deine Lehre bei mir an“, sagte Heinz und zog die Schraubzwinge fest.
„Ja, ich kann es kaum erwarten“, meinte Arian.

Heinz sägte, maß ab und schleifte. Arian half mit. Als er irgendwann einen Blick auf die Uhr warf, war eine Stunde vergangen.
„Ich muss los“, sagte er und verabschiedete sich.
Er ging zur Werkstatttür.
„Dann mach es mal gut. Und denk dran: Wenn du deinen Abschluss in der Tasche hast, kannst du jeden Tag bei mir in der Werkstatt arbeiten“, meinte Heinz und grinste.
Arian blieb stehen. Er drehte sich zu Heinz um.

ISBN 978-3-8346-4439-8 | www.verlagruhr.de

„Ich schaffe meinen Abschluss sowieso nicht. Der ist mir auch scheißegal", murmelte er.
„Na, den brauchst du schon, Junge. Immerhin willst du Schreiner werden."
Arians Kiefer klappte nach unten. Wie jetzt?
„Aber ich kann mit Holz umgehen. Das weißt du doch", sagte er tonlos.
Heinz nickte.
„Klar. Deshalb biete ich dir ja auch eine Lehrstelle an. Aber vorher musst du deinen Schulabschluss haben."
Arian zuckte zusammen. Er sagte nichts mehr. Griff nach der Türklinke. Stolperte auf den Vorplatz der Werkstatt. Legte den Kopf in den Nacken und schloss die Augen. Arian wollte natürlich bei Heinz anfangen. Das war immer schon sein Plan. Aber in Mathe stand er auf einer glatten Sechs. Und in Englisch und Deutsch sah es auch nicht besonders rosig aus. Dieser nervige Schulabschluss!

Er musste mit Bartek reden. Ob sein Angebot noch stand? Gemeinsam lernen? Zusammen den Abschluss schaffen? Arian zog sein Handy aus der Hosentasche.
„Hey! Lass uns doch zusammen lernen", tippte er.
Dann wartete er. Schaute auf das Display. Las, dass Bartek online war. Sah, wie die Haken neben seiner Nachricht sich blau färbten. Bartek schrieb. Arian kaute auf seiner Unterlippe herum. Dann tauchte Barteks Antwort auf.
„Sag mal, ist das dein Ernst?"
Arian tippte schnell: „Hey, das war doch vorhin nicht so gemeint …"
Barteks nächste Nachricht traf ein, gleich nachdem Arian seine abgeschickt hatte:
„Ich sag bloß: Wer braucht schon einen Abschluss?"
„Jetzt chill mal, Kumpel. Du bist doch jetzt so ein Mathe-Checker :)", versuchte Arian, seinen Freund gnädig zu stimmen.
Er brauchte Bartek. Arian wollte Schreiner werden. Trotz Scheißabschluss. Das musste doch irgendwie machbar sein.
Dann kündigte ein „Pling" noch eine Nachricht von Bartek an: „Ach, auf einmal. Vorher war ich noch ein Arschkriecher. Und ein Vollpfosten. Weißt du was? Leck mich!!"

Wer braucht schon einen Abschluss?: Aufgaben

Inhaltliche Erschließung

❶ Beantworte die folgenden Fragen schriftlich:
   a) Welche Klassenarbeit bekommt Arians Klasse zurück?
   b) Welche Note hat Arian?
   c) Wer ist besser als er?
   d) Was schlägt Arians Freund Bartek ihm vor?
   e) Warum nimmt Arian das Angebot nicht an?

❷ Am Ende der Geschichte ändert Arian seine Meinung. Warum? Begründe die Veränderung schriftlich in vier Sätzen.

❸ Wie reagiert Bartek auf Arians Bitte? Unterstreiche seine Reaktion im Text.

Gesamtverständnis

❶ Arian hat einen Ort, an den er gerne geht.
   a) Wo ist das? Woran erkennst du, dass Arian sich hier besonders wohlfühlt?
   b) Hast du auch einen Platz, an dem du zur Ruhe kommst und deine Gedanken ordnen kannst?
   Sprich mit einem Partner oder einer Partnerin darüber.

❷ Heinz informiert Arian, dass ein Schulabschluss die Bedingung für eine Ausbildung als Schreiner in seiner Werkstatt ist. Findest du, dass Heinz es gut oder schlecht mit Arian meint? Sprecht über eure Meinungen in der Klasse und begründet sie.

Weiterführende Aufgaben

❶ Wie könnte die Geschichte weitergehen? Was könnte Arian unternehmen? Schreibe eine Fortsetzung der Geschichte auf.

❷ Trefft euch in Kleingruppen. Einigt euch auf einen Ausbildungsberuf, der euch alle anspricht. Recherchiert im Internet, welche Voraussetzungen ihr dafür erfüllen müsst. Gestaltet ein Plakat und stellt eure Ergebnisse in der Klasse vor.

ISBN 978-3-8346-4439-8 | www.verlagruhr.de

Die rote Couch | 1/3

Endlich! Luise kramte den Schlüssel aus ihrer Hosentasche. Nicht irgendeinen Schlüssel: Sie hielt den Schlüssel zu ihrer eigenen Wohnung in der Hand. Einen Augenblick betrachtete Luise den Schlüsselbund. Daran baumelten der Haustürschlüssel, der Kellerschlüssel und der Schlüssel für ihr Apartment. Sie lächelte und steckte den Wohnungsschlüssel ins Schloss. Die Tür sprang auf. Eine Mischung aus abgestandener Luft und frischer Farbe drang durch den Türspalt. Luise schob die Tür ganz auf.
„Hallo! Ich bin da!", rief sie in den leeren Flur. Natürlich antwortete niemand. Stattdessen hallte ihre Stimme in der leeren Wohnung. Aber das würde sich bald ändern. Heute war Luises Einzug. Ihr Apartment war klein. Nur 25 Quadratmeter. Eine ganze Wohnung so groß wie ihr altes Kinderzimmer. Doch Luise hatte vor, es sich richtig gemütlich zu machen. Sie warf einen Blick auf ihr Handy. Schon elf Uhr. Wo blieb Juri? Er hatte ihr versprochen, beim Umzug zu helfen.

Luise schob die Wohnungstür hinter sich zu. Sie ging an der winzigen Küchenzeile vorbei in den großen Raum. Dort öffnete sie erst einmal die beiden Fenster. Luise atmete tief ein. Die kalte Luft roch nach Erde und ein bisschen nach Abgasen. Unten auf der Straße stauten sich die Autos. Auf der anderen Straßenseite war ein Park. Luise hörte Kinderlachen. Dann das Poltern von Mülltonnen und ein Hupen. Von Juri war noch immer nichts zu sehen. Dabei hatten sie bereits gestern die fünf Umzugskisten in den Kofferraum und auf die Rückbank seines Autos geladen. Juri war schon 19. Zwei Jahre älter als Luise. Er war der Einzige aus Luises Clique, der ein Auto hatte. Und leider auch der Einzige, der heute Zeit hatte.
„Klar helfe ich beim Kistenschleppen. Kein Thema", hatte er angeboten.
Später wollten sie dann noch einmal zu Luises Eltern fahren, um ihre rote Couch zu holen. Und ihr Bett und ein paar Regale. Das musste als Einrichtung vorerst reichen. Luise hatte vor drei Monaten mit ihrer Ausbildung zur Restaurantkauffrau begonnen. Da konnte sie sich noch nicht wirklich viel leisten. Sie musste ab sofort jeden Cent 2-mal umdrehen. Schließlich musste sie jetzt Miete, Strom und Wasser aus ihrer eigenen Tasche bezahlen. Und es musste auch noch genügend Geld für Essen und Klamotten übrig bleiben.

Trotzdem war der Umzug eine gute Entscheidung. Luise hatte die Nase voll von zu Hause. Ständig gab es Streit mit ihren Eltern. Immer mussten sie an ihr herummeckern. Irgendwann hatte Luise gesagt: „Dann zieh ich eben aus."
Eigentlich hatte sie erwartet, dass ihre Eltern etwas dagegen sagen würden. Aber Papa hatte nur gelacht. Und Mama hatte genickt und gemeint: „Das kannst du ruhig machen. Dann wirst du schon merken, wie das ist, Verantwortung zu übernehmen."
Luise musste acht Wochen lang suchen. Sie hatte im Internet alle Wohnungsangebote durchgesehen. Und in ihrer Clique herumgefragt. Und schließlich hatte sie Glück gehabt.

ISBN 978-3-8346-4439-8 | www.verlagruhr.de

Die rote Couch | 2/3

Ein Bekannter von Juri bot ihr die Wohnung zur Miete an. Und das Apartment war erschwinglich. Also hatte Luise ihre Eltern informiert. Und die hatten kommentarlos den Mietvertrag unterschrieben. Der Umzug war beschlossene Sache.

In den vergangenen Wochen hatte sich Luise immer wieder das Leben in ihren eigenen vier Wänden vorgestellt. Niemand würde ihr vorschreiben, wie lange sie am Handy hing. Oder welche Filme sie auf ihrem Laptop ansah. Oder was sie sich zum Essen machte oder beim Imbiss um die Ecke mitnahm. Niemand würde ihr Vorschriften machen. Sie war endlich frei!
Luise breitete die Arme aus und tanzte ausgelassen durch den leeren Raum.
„Meine Wohnung!“, sang sie.
Sie drehte sich so lange im Kreis, bis ihr schwindlig war. Dann ließ sie sich auf den Boden sinken. Sie legte sich auf das etwas staubige Laminat und sah zur Decke hoch. Erst drehte sich alles vor ihren Augen. Dann kam ihre Umgebung langsam wieder zum Stillstand.

Luise fixierte die nackte Glühbirne, die von der Zimmerdecke baumelte. Plötzlich war das Gefühl von Freiheit verflogen. Sie fühlte sich mit einem Mal ganz verloren. Wie schon so oft in den letzten Wochen. Wenn sie ehrlich war, hatte sie ziemlich Angst: vor dem Alleinwohnen, vor Abenden ohne Gesellschaft. Eigentlich vor allem, was jetzt auf sie zukam. Aber vor ihren Eltern hätte sie das nie zugegeben. Da hatte sie ganz cool getan.
„Das haben wir doch gleich gesagt. Hättest du mal auf uns gehört“, hätten die dann bloß gesagt.
Und das wollte Luise auf keinen Fall. Luise schüttelte die trüben Gedanken ab. Sie griff nach ihrem Handy.
„Wo bleibst du?“, tippte sie und schickte die Nachricht an Juri.
Sekunden später klingelte das Telefon.
„Ich hab eben erst einen Parkplatz gefunden. Komm runter, dann können wir gleich die ersten Kisten mit hochnehmen“, posaunte Juris Stimme aus dem Handy.
Luise merkte, wie das gute Gefühl wieder da war. Wie es in ihrem Bauch kribbelte. Jetzt ging es also los! Sie war so aufgeregt wie vor ihrem ersten Tag in der Ausbildungsstelle.

Eine halbe Stunde später waren alle Kisten in der Wohnung.
„Ich packe später aus. Jetzt holen wir erst noch die Möbel“, schlug Luise vor.
In dem Augenblick vibrierte Juris Handy. Er warf einen Blick darauf. Dann verzog er seinen Mund zu einem schiefen Lächeln.
„Sorry. Ich muss weg. Du musst leider ohne mich weitermachen“, meinte er.
„Wie bitte?“, fragte Luise erschrocken.
„Mein Bruder hat eine Autopanne. Ich muss ihn abholen“, erklärte er kurz und war schon auf dem Weg zur Wohnungstür.
„Hey!“, rief Luise ihm hinterher.
Da fiel auch schon die Tür ins Schloss.
„Und wie bitte schön soll ich meine rote Couch und den Rest ohne Auto herbekommen?“, brüllte sie.

ISBN 978-3-8346-4439-8 | www.verlagruhr.de

Die rote Couch | 3/3

Eine Antwort bekam sie nicht. Nur die kahlen Wände starrten sie an. Luise starrte zurück.

Sie ließ sich auf einen Umzugskarton sinken. Der gab etwas nach. Aber das war Luise egal. Sie zog ihre Beine an und kauerte sich darauf. Sie merkte, wie Tränen in ihren Augen brannten. Den Umzug hatte sie sich anders vorgestellt. Sie konnte ja wohl kaum mit der S-Bahn ihre Sachen herbringen. Luise sah sich mit verschleiertem Blick um. Auf dem Fensterbrett lag ihr Handy. Mit zitternden Knien stand sie auf und holte es. Wen konnte sie anrufen? Wer würde ihr helfen? Ihre Eltern? Auf keinen Fall! Vielleicht Ranga? Nein, der war das Wochenende mit seiner Schwester unterwegs. Oder Paula? Aber die rührte freiwillig keinen Finger. Auf die konnte Luise nicht zählen. Jetzt konnte sie ihre Tränen nicht mehr zurückhalten. So eine Scheiße!

Luise wischte sich mit ihrem Pulliärmel übers Gesicht. Dann ging sie ziellos im Zimmer herum. Was sollte sie jetzt machen? Plötzlich riss ein schriller Ton sie aus ihren Gedanken. Luise zuckte zusammen. Was war das denn? Erst nach einigen Sekunden kam Luise drauf: Jemand hatte an ihrer Wohnungstür geklingelt. Die Glocke zu Hause bei ihren Eltern klang ganz anders. Der Klingelton hier war fremd und ungewohnt. Luise rannte zur Tür. Vielleicht hatte Juri es sich anders überlegt. Sie riss die Tür auf. Doch davor stand niemand. Luise ging zum Treppengeländer und schaute nach unten. Anscheinend stand jemand vor dem Haus. Wo war noch mal der Türöffner? Luise hatte keine Ahnung. Sie suchte auch nicht lange, sondern rannte die Treppen nach unten. Ganz außer Atem zog sie die schwere Haustür auf. Dann riss sie die Augen auf. Vor der Tür stand nicht Juri. Sondern ... Papa!
„Was machst du denn hier?", fragte Luise.
Papa deutete zum Auto, das im Halteverbot direkt vor dem Haus stand. Die Warnblinkanlage war angestellt. Die Kofferraumklappe war halb offen. Luise sah, dass daraus etwas Langes, Rotes herausragte. Das konnte doch gar nicht sein!
„Ich hab deine Couch dabei. Ich dachte, du könntest etwas Hilfe beim Umzug gebrauchen", meinte Papa und grinste.
Noch nie war Luise so froh gewesen, ihren Vater zu sehen. Lachend fiel sie ihm um den Hals.

„Mama hat mir übrigens einen Topf mit Gulaschsuppe mitgegeben. Als Einzugsessen. Wenn du magst", brummte Papa ihr ins Ohr.
Luise löste die Umarmung. Dann nickte sie. Jetzt war es wieder da: das Gefühl von Freiheit. Und gleichzeitig eine warme Erleichterung. Darüber, dass sie nicht alles allein können musste. Und dass es vielleicht mit ihren Eltern doch wieder irgendwie friedlich werden konnte.
„Jetzt lass uns loslegen. Damit wir auch mal fertig werden", sagte Papa.
Und Luise nickte zustimmend.

Die rote Couch: Aufgaben

Inhaltliche Erschließung

❶ In der Geschichte wird Luises Umzugstag beschrieben. Nummeriere die folgenden Gefühle in der Reihenfolge, wie Luise sie in der Geschichte durchlebt.

- ☐ Enttäuschung
- ☐ Aufregung
- ☐ Freiheit
- ☐ Ungeduld
- ☐ Erleichterung
- ☐ Freude
- ☐ Verlorensein

❷ Luise hat Juri als Umzugshelfer eingeplant. Wer hätte vielleicht noch mithelfen können? Warum hilft sonst niemand? Mache dir Notizen und tausche dich mit einem Partner oder einer Partnerin aus.

❸ Beantworte die folgenden Fragen, indem du die Antworten im Text unterstreichst:

a) Welche Möbel will Luise noch bei ihren Eltern abholen?

b) Wer steht am Ende vor Luises Wohnung?

c) Welche Hoffnung hat Luise am Ende der Geschichte?

Gesamtverständnis

❶ Luise will von zu Hause ausziehen, weil es mit ihren Eltern immer wieder Streit gab. Wie findest du ihre Entscheidung? Begründe deine Meinung schriftlich.

❷ Luise will ihre Eltern auf keinen Fall um Hilfe bitten. Doch dann ist es ihr Vater, der über seinen Schatten springt und bei Luise auftaucht. Bist du schon einmal „über deinen Schatten gesprungen"? Was bedeutet das? Was hat dir dabei geholfen? Sprecht in der Klasse darüber.

Weiterführende Aufgaben

❶ Recherchiert im Internet die Wohnungsanzeigen in eurer Umgebung.
Wie viel Miete kostet ein Apartment, das ungefähr so groß ist wie Luises?
Welche Wohnung würde euch persönlich ansprechen?

❷ Warum kann sich Luise keine neuen Möbel leisten? Was könnte ihr dabei helfen, zu lernen, mit Geld umzugehen?
Sprecht in der Klasse darüber.
Überlegt anschließend gemeinsam, wie z. B. ein Haushaltsbuch oder eine Ausgabenübersicht aussehen könnte.

ISBN 978-3-8346-4439-8 | www.verlagruhr.de

Wie geht Zivilcourage? | 1/3

Yvonne breitete die Arme aus, während sie über den Schulhof ging. Der Tag fühlte sich irgendwie gut an. Es war Schulschluss. Auf der Englischarbeit in Yvonnes Tasche stand eine rote Drei. Das war die beste Note, die Yvonne bisher in Englisch bekommen hatte. Die Sonne schien. Und heute Nachmittag wollte Yvonne noch ausgiebig zum Shoppen. Darauf freute sie sich schon. Ihre Freundin Zeynep hatte leider keine Zeit. Aber das machte nichts. Yvonne ging auch gerne alleine los. Sie warf einen Blick auf ihr Handy. Der Bus würde gleich kommen. Yvonne lief los. Als sie außer Atem an der Haltestelle ankam, bog der Bus auch schon um die Ecke. Glück gehabt! Das passt zu diesem Tag. Yvonne lächelte, als sie in den Bus stieg. Es waren noch jede Menge Plätze frei. Sie setzte sich in die vorletzte Reihe und lehnte sich zurück. Vor sie setzten sich zwei Typen und schräg gegenüber nahm ein Mädchen Platz. Der Bus fuhr an.

Yvonne wühlte in ihrer Tasche nach den Kopfhörern. Jetzt noch gute Musik, dann war der Tag perfekt! Yvonne fädelte das verhedderte Kabel auseinander.
„Hey, schau dir die an!“, rief einer der Typen vor ihr.
Yvonne hob kurz den Kopf. Sie war gar nicht gemeint. Endlich hatte sie das Kabel entwirrt. Yvonne wollte sich gerade die Kopfhörer aufsetzen.
„Wie sieht die denn aus?“, grölte der andere Junge.
Irritiert ließ Yvonne die Kopfhörer wieder sinken. Was ging denn da ab? Sie ließ ihren Blick schweifen. Wen quatschten die beiden da so unverschämt von der Seite an? Ah, das Mädchen gegenüber. Yvonne verzog den Mund. Das war doch wohl das Allerletzte! Das Mädchen hatte einen dunkelbraunen Hautton. Und irgendwie kam es ihr bekannt vor. Vielleicht ging es auf ihre Schule? Oder sie hatte es schon mal in der Eisdiele gesehen. Yvonne sah, wie das Mädchen tiefer in seinen Sitz rutschte und aus dem Fenster starrte.
„Der Platz neben der bleibt frei, egal wie voll der Bus ist. Neben die setzt sich niemand!“, rief einer der Typen.
Yvonnes gute Laune war schlagartig verschwunden. Was sollte das denn? Diese Arschlöcher konnten doch nicht einfach eine Person wegen ihrer Hautfarbe so beleidigen! Aber eigentlich ging das Yvonne ja gar nichts an. Sie sah sich um. Die wenigen Leute im Bus regten sich nicht. Niemand schien etwas von den Sprüchen der Typen mitzubekommen. Oder zumindest taten alle so. Warum sollte gerade sie sich also einmischen? Yvonne griff wieder nach ihren Kopfhörern.

Der Bass in ihren Ohren wummerte. Yvonne schaute aus dem Fenster. Noch sechs Haltestellen. Sie versuchte, sich ganz auf die Musik zu konzentrieren. Was ihr aber irgendwie nicht gelang. Aus den Augenwinkeln sah sie, wie einer der Typen vor ihr seinen Finger ausstreckte und auf das Mädchen deutete. Yvonne stöhnte leise auf. Verdammter Mist! Sie konnte doch nicht einfach Musik hören und so tun, als ob nichts war. Erst letzte Woche hatten sie in der Schule über Rassismus gesprochen. Und darüber, dass man sich mutig dagegen wehren sollte. Zivil-

ISBN 978-3-8346-4439-8 | www.verlagruhr.de

courage nannte man das. Aber das war echt leichter gesagt als getan. Was konnte Yvonne schon gegen die beiden Pöbler ausrichten? Und außerdem kannte sie das Mädchen, das da gerade angemacht wurde, ja gar nicht. Yvonne drehte die Lautstärke nach oben.

Doch auch die laute Musik konnten die Gedanken in Yvonnes Kopf nicht übertönen. „Du musst etwas tun!", rief es in ihr.
„Klar, aber was?", hätte sie am liebsten geschrien.
Yvonne drückte auf Stopp. Die Musik hörte schlagartig auf. Jetzt konnte sie die Stimmen der beiden Typen wieder klar und deutlich hören.
„Schau mal, die heult gleich!"
Das war ja echt das Letzte! Irgendetwas musste sie doch unternehmen. Yvonne warf dem Mädchen einen Blick zu. Es saß immer noch ganz starr da und schaute aus dem Fenster. In Yvonnes Kopf purzelten die Gedanken durcheinander. Sollte sie den Typen ihre Meinung sagen? Sich mit ihnen anlegen? Dann würden die vielleicht auf sie losgehen. Nein, das wollte Yvonne auf keinen Fall. Mann, war sie feige!

„He, kein Wunder, dass der Platz neben der noch frei ist!", lachte einer der Typen.
Jetzt war es Yvonne endgültig zu viel. Und endlich wusste sie auch, was sie machen konnte. Yvonne stand auf. Sie hängte sich ihre Tasche um und ging eine Sitzreihe nach vorne. Auf Höhe der Jungen und des Mädchens blieb sie stehen. Sie drehte den Jungen den Rücken zu und räusperte sich.
„Entschuldige bitte. Ist der Platz neben dir noch frei?", fragte sie mit fester Stimme.
Das Mädchen drehte den Kopf erschrocken in ihre Richtung. Yvonne lächelte es freundlich an.
„Kann es sein, dass du auch auf die Einstein-Schule gehst?", fragte sie.
Das Mädchen nickte zögernd. Dann deutete es auf den freien Sitz neben sich.
„Schau mal, jetzt bekommt die da Gesellschaft", brüllte einer der beiden Typen neben Yvonnes Ohr.

„Ich bin Yvonne", stellte sich Yvonne vor.
„Ich bin Makeda", antwortete das Mädchen.
„In welche Klasse gehst du denn?", wollte Yvonne wissen.
„In die 9b. Aber erst seit zwei Wochen. Ich bin umgezogen."
Die beiden redeten weiter. Erst etwas zögernd. Es war gar nicht so einfach, ein Gespräch in Gang zu halten. Aber dann fiel Yvonne immer mehr ein, worüber sie mit Makeda sprechen konnte. Die Sprüche der beiden Typen auf der anderen Seite des Gangs ignorierten sie einfach. Das war gar nicht besonders schwierig. Yvonne zwinkerte ihrer Sitznachbarin zu. Sie fand Makeda total nett. Und das beruhte wohl auf Gegenseitigkeit. Irgendwann merkte Yvonne, dass etwas anders war. Sie stutzte einen Augenblick. Dann wusste sie, was es war: Die Typen hielten die Klappe! Keiner der beiden sagte mehr etwas in Makedas Richtung. Dann hielt der Bus. Und die beiden stiegen aus.
Endlich!

ISBN 978-3-8346-4439-8 | www.verlagruhr.de

Yvonne merkte, dass Makeda die Luft anhielt, als die Jungen nach vorne zur Bustür gingen. Als der Bus wieder anfuhr, atmete sie mit einem lauten Seufzer aus.
„Das waren echt richtige Dreckskerle!“, platzte es aus Yvonne heraus.
Makeda sagte erst nichts. Dann drehte sie sich zu Yvonne und murmelte: „Danke.“
„Keine Ursache“, meinte Yvonne und zuckte mit den Schultern.
„Ich hab ja gar nichts getan. Eigentlich hätte man den Arschlöchern so richtig die Meinung sagen müssen.“
Makeda schüttelte den Kopf. „Das macht es nur noch schlimmer. Typen wie die wollen sich ja gar keine andere Meinung anhören. Außerdem bringt das höchstens etwas, wenn man zu mehreren ist. Damit man sich wehren kann. Also ich meine, falls die ausrasten und zum Schluss sogar zuschlagen.“
Yvonne legte den Kopf schief. „Ist dir das schön öfter passiert?“
Makeda nickte.
„Das ist echt richtig übel“, meinte Yvonne.
„Dadurch, dass du dich zu mir gesetzt hast, war ich nicht mehr allein. Das hilft irgendwie“, sagte Makeda.

Yvonne strich sich verlegen eine Haarsträhne hinters Ohr. Dann wechselte sie das Thema.
„Sag mal, wenn du erst hergezogen bist, dann kannst du vielleicht eine kleine Besichtigungstour gebrauchen. Hast du heute schon etwas vor?“, fragte Yvonne.
Dann fügte sie an: „Ich wollte nachher shoppen gehen. Komm doch mit, wenn du Zeit hast.“
Makeda grinst. „Shoppen hört sich gut an. Solange du keine Stadtführung machst und mir einen Vortrag über irgendwelche Bauwerke in der Stadt hältst, bin ich dabei.“
Yvonne lachte. „Hatte ich nicht vor. Ich meinte eher eine Tour durch die besten Läden der Stadt. Und zur Eisdiele, in der es ein legendär gutes Kirscheis gibt.“
Makeda war einverstanden. Und Yvonne merkte, dass sich der Tag jetzt wieder richtig anfühlte.

ISBN 978-3-8346-4439-8 | www.verlagruhr.de

Wie geht Zivilcourage?: Aufgaben

Inhaltliche Erschließung

❶ Die Geschichte beginnt und endet damit, dass Yvonne findet: Der Tag fühlt sich gut an. Woran liegt das am Anfang und woran am Ende der Geschichte? Sprecht in Kleingruppen darüber.

❷ Beantworte folgende Fragen schriftlich:
a) Was hat Yvonne heute vor?
b) Wer sitzt im Bus eine Reihe vor ihr?
c) Was unternimmt Yvonne, als die beiden Typen anfangen, das andere Mädchen zu beleidigen?
d) Warum wird Yvonne dann doch aktiv?
e) Was tut Yvonne, um nicht tatenlos zuzuschauen?
f) Warum kommt Makeda Yvonne bekannt vor?
g) Was vereinbaren die beiden Mädchen am Ende der Geschichte?

Gesamtverständnis

❶ Der Titel der Geschichte lautet „Wie geht Zivilcourage?“. Kreuze an, was das Wort „Zivilcourage“ deiner Meinung nach bedeutet:

☐ Tapferkeit

☐ Bürgermut

☐ Gerechtigkeit

☐ Zusammenhalt

Tauscht euch dazu in der Klasse aus.

❷ Yvonne setzt sich zu Makeda und unterhält sich mit ihr. Was hättest du gemacht?

Weiterführende Aufgaben

❶ Stelle dir vor, Yvonne schreibt später noch eine Nachricht an ihre Freundin Zeynep, in der sie von ihrem Erlebnis im Bus berichtet. Schreibe auf, wie Yvonnes Nachricht lauten könnte.

❷ Recherchiert in Kleingruppen im Internet:
a) Wie kann man als Einzelner oder als Einzelne reagieren, wenn man rassistische Äußerungen hört oder Taten beobachtet?
b) Was könnt ihr in der Klasse unternehmen, um ein Zeichen gegen Rassismus zu setzen?

Tragt eure Ergebnisse auf einem Plakat zusammen.

ISBN 978-3-8346-4439-8 | www.verlagruhr.de

Schmetterling | 1/3

Abpfiff. Das Spiel ist zu Ende.
„Du bist echt ein Fußball-Gott“, brüllt Rafi und legt Dennis seinen Arm um die Schultern. Dennis merkt, wie kleine Ameisen von den Schultern abwärts durch seinen ganzen Körper laufen. Klar! Dennis ist der beste Spieler in seiner Mannschaft. Ach was, der gesamten Liga! Das hat er heute mal wieder unter Beweis gestellt. Hat seiner Mannschaft zum Sieg verholfen.
„5:2! Mann! Deine drei Tore waren der Hammer!“, jubelt Hannes.
Dennis zuckt mit den Schultern. Tut so, als ob das keine Kunst wäre. Dabei war er heute gar nicht bei der Sache. Obwohl er die drei Treffer gelandet hat. Die waren so nebenbei passiert. Als Koslow, der Trainer, „Volle Konzentration!“ brüllte, hatte Dennis sich konzentriert. Auf einen bestimmten Menschen. Konnte seine Gedanken nicht mehr kontrollieren. Dieser eine Name. In Dauerschleife in seinem Kopf.

Als alle zur Umkleide schlurfen, winken ein paar Mädchen. Marie pfeift sogar. Und Aliki klatscht.
„Dein Fanclub“, grinst Hannes und klopft Dennis auf den Rücken.
„Ja, Mann, voll der Mädelsschwarm, unser Dennis“, meint Timo. „Die stehen alle auf dich. Dein Glück bei den Mädels hätte ich auch gerne.“
Rafi steht nur da und grinst schief.
Dennis hebt kurz den Kopf und sieht ihn an. Merkt, dass er rot wird. Schaut schnell auf seine Füße. Geht weiter. Hoffentlich merkt niemand etwas! Gut, dass die alle nicht sehen können, was in seinem Kopf vorgeht.
Am liebsten würde Dennis das Kopfkino abstellen. Er hofft so sehr, dass das nur eine Phase ist. Dass das irgendwie wieder weggeht. So wie ein Grippe, die man einfach auskurieren muss. Gedanken-Grippe. Gefühlserkältung. So was in der Art.

Nach dem Duschen und Umziehen verschwindet Dennis, ohne sich von den anderen zu verabschieden. Er hat keinen Bock darauf, noch länger zu schauspielern. Übermorgen beim Training wieder. Da bleibt ihm gar nichts anderes übrig. Als Dennis Richtung Bushaltestelle geht, steht auf einmal Aliki vor ihm. Sie streicht sich mit einer lässigen Bewegung die Haare aus dem Gesicht. Lächelt ihn an. Ihre Augen leuchten.
„Hast du vielleicht Lust auf Kino? Heute Abend?“, fragt sie.
Dennis zuckt zusammen. Er war schon mal mit Aliki ein Eis essen. Sie ist echt nett. Und sie will mehr. Mehr als nur Eis essen und ins Kino gehen. Das weiß Dennis. Er weicht einen Schritt zurück. Tritt dabei jemandem auf die Füße.
„Hey, pass doch auf, du Schwuchtel“, brüllt ihm Hannes ins Ohr.

Dennis fährt herum. Hat plötzlich einen ganz trockenen Hals.
„Sorry“, krächzt er.
„Ach so, du warst das. Na, war ja nicht so schlimm“, grinst Hannes.
Rafi steht neben ihm. Dennis blinzelt. Er sieht das anders. Hannes nutzt das Wort, um andere zu beleidigen und zu verletzen. Und das ist wohl schlimm. Auch Aliki beschwert sich: „He, nenn Dennis nicht so!“

ISBN 978-3-8346-4439-8 | www.verlagruhr.de

Hannes nennt alle so, wenn er sich aufregt. Dennis weiß das natürlich. Er möchte auch gerade nicht mit Hannes diskutieren. Darum hebt er beide Hände nach oben.
„Schon gut", murmelt er.
Will weitergehen. Schnell. Einfach nur weg hier.

Aliki hält ihn auf.
„Was ist jetzt mit Kino?", fragt sie wieder. Hannes und Rafi sind schon weitergegangen. Dennis sieht ihnen nach. Aliki wedelt mit der Hand vor seinem Gesicht herum. Sie will seine Aufmerksamkeit. Dennis seufzt. Aliki streicht sich eine Haarsträhne zurück. Sie sieht jetzt irgendwie verlegen aus.
„Ich finde dich ... also ...", stottert sie jetzt. Dennis ahnt, was gleich kommt. Er will das gar nicht hören. Aber Aliki hat schon Luft geholt, um weiterzusprechen.
„Ich finde dich total nett. Also, ich mag dich", sagt sie.
Dennis sieht, wie auf ihrem Hals rote Flecken auftauchen. Dann kommt sie näher. Ihr Gesicht ist jetzt so nahe an seinem, dass er ihren Atem spüren kann. Direkt an seiner Wange. Dennis schiebt seinen Kopf etwas zurück.

Eigentlich findet Dennis das ziemlich mutig von Aliki. Dass sie über ihre Gefühle spricht. Dass sie ehrlich ist. Dennis spürt plötzlich, dass er auch ehrlich sein will. Irgendwie ist er das Aliki schuldig.
„Sorry. Aus dem Kino wird leider nichts", fängt er an.
Aliki reißt ihre Augen auf. Bestimmt hat sie jetzt das Gefühl, sich mit ihrer Ehrlichkeit total blamiert zu haben. Das kann Dennis echt gut verstehen. Er selbst hat ja auch Angst vor dem Ehrlichsein. Nicht mal zu sich selber war er bisher ehrlich. Dazu gehört immerhin richtig viel Mut. Dennis weiß auf einmal ganz genau, dass er in keiner Phase ist. Dass das nicht vorbeigeht. Dass es so richtig ist, wie es ist. Er merkt, dass er Aliki jetzt sofort sagen muss, wie es ist. Bevor ihn der Mut wieder verlässt und er es sich wieder anders überlegt.
„Versteh das bitte nicht falsch", sagt er schnell.
Aliki atmet flach.
„Es liegt nicht an dir", meint Dennis und versucht, freundlich zu lächeln.
„Hast du eine Freundin?", fragt Aliki heiser.
Dennis schüttelt den Kopf. Er wischt sich über die Stirn. Oh, Mann! Wie soll er Aliki das nur erklären? Wie die richtigen Worte finden?
„Es ist so ...", fängt er an.
Plötzlich sieht Aliki ihm direkt in die Augen. Dennis weiß mit einem Mal, dass sie verstanden hat.
„Du stehst gar nicht auf Mädchen, stimmt's?", fragt sie dann auch prompt. Dabei klingt sie erleichtert. Dennis nickt zögernd.
„Jetzt hab ich es kapiert. Okay. Klar, dann eben kein Date", sagt sie.
Dennis merkt, wie seine Knie weich werden. Jetzt ist es also raus.
„Kannst du das bitte für dich behalten?", fragt er leise.
„Klar!", lacht Aliki.

ISBN 978-3-8346-4439-8 | www.verlagruhr.de

Schmetterling | 3/3

Am übernächsten Tag kommt Dennis beinahe zu spät zum Training. Seit er mit Aliki geredet hat, fühlt er sich, als wäre er gar nicht mehr in seinem Körper. Als würde er neben sich selbst herlaufen. Und sich dabei zusehen. Dennis betritt die Umkleide. Alle anderen sind schon da. Alle außer Koslow, der Trainer. Es ist laut. Gelächter und Gemurmel füllen den Raum. Alle sind beschäftigt, bemerken Dennis erst mal gar nicht. Er stellt seine Sporttasche auf der Bank ab.
„Hallo", grüßt er in die Runde.
Plötzlich rucken alle Köpfe in seine Richtung. Es wird still. Alle starren Dennis an.
„Hey, Mariposa", platzt Timo heraus.
Dennis sieht ihn verständnislos an.
„Mariposa heißt Schmetterling auf Spanisch", sagt Hannes und grinst verächtlich.
„Schmetterling?", fragt Dennis entgeistert.
„Ja, genau. Aber es ist auch das spanische Wort für Schwuchtel. Du weißt schon: Für einen Mann, der auf andere Kerle steht.", sagt Timo angewidert.
Sehr laut. Und sehr deutlich.

„Wir brauchen keine Mariposa in unserer Mannschaft", erklärt Hannes.
Dennis sieht ihn entsetzt an.
Ihm wird plötzlich heiß. Erst ist sein Kopf ganz leer. Dann endlich fällt der Groschen! Aliki hat ihr Versprechen gebrochen. Natürlich hat sie sofort herumerzählt, was sie erfahren hat.
„Was redet ihr da? Lasst Dennis in Ruhe. Er ist doch unser bester Spieler", sagt jetzt Rafi.
„Schwule haben beim Fußball nichts verloren. Bist du etwa auch einer?", fragt Timo.
Dennis sieht Rafi direkt an. Der fragt zurück: „Und wieso sollten Schwule kein Fußball spielen?" Darauf hat Timo keine Antwort und stottert nur herum.

In dem Moment betritt Koslow die Umkleide.
„Hallo zusammen", ruft er.
Dann sieht er irritiert in die Runde.
„Was ist denn hier los?", fragt er.
Sein Blick bleibt an Dennis hängen.
Dennis zuckt mit den Schultern.
„Dann bin ich eben ein Schmetterling", murmelt er nur.
Eigentlich gefällt ihm der Spitzname ziemlich gut. Wortlos greift er nach seiner Sporttasche und verlässt die Umkleide. Er ist schon beinahe an der Bushaltestelle, als er Schritte hört. Dann tippt ihm jemand auf die Schulter. Dennis bleibt stehen. Wie angewurzelt. Mit dem Blick starr auf seine Schuhe gerichtet.
„Ich find Schmetterlinge echt in Ordnung. Auch wenn ich keiner bin", sagt eine Stimme dicht an Dennis' Ohr. Ein Cocktail aus Enttäuschung und Erleichterung breitet sich in Dennis aus, als er sich zu Rafi umdreht.

ISBN 978-3-8346-4439-8 | www.verlagruhr.de

Schmetterling: Aufgaben

Inhaltliche Erschließung

❶ Warum heißt die Geschichte „Schmetterling“? Sprecht in der Klasse darüber.

❷ Bringe die Sätze in die richtige Reihenfolge. Nummeriere die Ereignisse von 1 bis 9:

- ☐ Timo bezeichnet Dennis als „Mariposa“.
- ☐ Dennis hat für seine Mannschaft drei Tore geschossen und wird dafür gefeiert.
- ☐ Aliki möchte mit Dennis gerne ins Kino gehen.
- ☐ Die Jungen aus Dennis' Mannschaft finden, dass Schwule nichts beim Fußball verloren haben.
- ☐ Einige Mädchen warten nach dem Spiel auf Dennis und jubeln ihm zu.
- ☐ Dennis sagt Aliki, dass er nicht mit ihr ausgehen wird.
- ☐ Dennis verlässt die Umkleide und hofft, dass Rafi ihm folgt.
- ☐ Aliki versteht, dass Dennis nicht auf Mädchen steht.
- ☐ Dennis erkennt, dass Aliki sein Geheimnis weitererzählt hat.

❸ Was meinen die Personen in der Geschichte mit folgenden Aussagen?
a) „Dein Fanclub!“
b) „Es liegt nicht an dir.“
c) „Wir brauchen keine Mariposa in unserer Mannschaft.“
Suche die Zitate im Text und erkläre sie schriftlich in jeweils zwei bis drei Sätzen.

Gesamtverständnis

❶ Warum hofft Dennis am Anfang der Geschichte, dass „das“ nur eine Phase ist und wieder weggeht? Diskutiert in der Klasse darüber.

❷ Als Dennis versteht, was mit ihm los ist, möchte er auch ehrlich zu Aliki sein. Lies die Textstelle noch einmal und überlege: Wo ist der Unterschied zwischen einem „inneren“ und einem „äußeren“ Outing? Wie hängen die beiden miteinander zusammen? Fasse deine Überlegungen in wenigen Sätzen zusammen.

❸ Sprich mit einem Partner oder einer Partnerin über die folgenden Fragen:
a) In wen ist Dennis wohl wirklich verliebt?
b) Denkst du, Dennis sollte der Person das sagen?
c) Warst du schon einmal verliebt? Hast du der Person das gezeigt oder gesagt? Wie?

Weiterführende Aufgaben

❶ Dennis wird unfreiwillig vor seiner Mannschaft geoutet. Wie könnte ein Outing aussehen, wenn es gut läuft? Recherchiert in Kleingruppen im Internet nach Erfahrungsberichten und präsentiert eure Ergebnisse in der Klasse.

❷ Stelle dir vor, der Trainer hätte Dennis unterstützt. Wie könnte so ein Gespräch in der Umkleide laufen? Spielt die Szene in der Klasse.

ISBN 978-3-8346-4439-8 | www.verlagruhr.de

Die Traumnase | 1/3

Wie jeden Dienstag saßen Kathi und Larissa ganz entspannt auf der Mauer neben dem Jugendzentrum. Diesen Stammplatz verteidigten sie seit einem Jahr. Mittlerweile hatten alle anderen akzeptiert, dass das die Kathi-Larissa-Mauer war. Von dort aus konnten sie in aller Ruhe beobachten, wer so im Jugendzentrum ein- und ausging.
„Hey, guck dir die an“, murmelte Larissa. Sie zeigte mit dem Finger nach links. Kathi sah auf. Das Mädchen, das dort stand, sah megagut aus: coole Frisur, total angesagte Klamotten, lässige Körperhaltung. Kathi war beinahe ein bisschen neidisch. Dann sah sie, dass das Mädchen einen dicken, weißen Verband im Gesicht hatte. Der verdeckte ihre ganze Nase.
„Ist die neu?“, fragte Kathi.
Larissa nickte. „Ich hab sie zumindest noch nie im JUZ gesehen.“
„Und was hat die mit ihrer Nase gemacht?“, überlegte Kathi.
Larissa zuckte mit den Schultern. Dann verzog sie den Mund. „Wenn du mich fragst: Die hat was machen lassen.“
„Wie? Was machen lassen?“ Kathi kapierte nicht, was Larissa meinte.
„Na, eine Nasenkorrektur. Eine Schönheits-OP, meine ich“, half Larissa ihr auf die Sprünge.
„Meinst du?“, fragte Kathi verblüfft.
„Wow! Dass die sich so was traut ...“

Larissa und Kathi sahen dem Mädchen nach. Es verschwand gerade durch die Tür ins Jugendzentrum.
„Die ist doch bestimmt auch nicht älter als 15. Kann man da so einfach eine OP machen lassen?“, überlegte Kathi.
Ihr ließ das Thema gar keine Ruhe. Larissa rollte mit den Augen.
„Klar, wenn du genügend Kohle hast. Und die Unterschrift der Eltern brauchst du natürlich auch“, erklärte sie wissend.
Kathi sah ihre Freundin erstaunt an.
„Woher weißt du das denn so genau?“
Wortlos hielt Larissa Kathi ihr Handy unter die Nase. Insta war offen. Genauer: das Profil von einer gewissen Bella Bliss. Kathi griff nach dem Handy und guckte sich die Posts an: „Meine neue Nase. Lippen aufgespritzt! Spare auf einen neuen Busen. Zum 16. Geburtstag bekomme ich von meinen Eltern meine erste Botox-Behandlung geschenkt.
„Echt jetzt?“, stieß Kathi verblüfft aus.

Am Abend stand Kathi vor dem Spiegel an ihrer Schranktür. Sie ging ganz nah ran. Dann trat sie wieder einen Schritt zurück. Kathi zog ihr Handy aus der hinteren Tasche ihrer Jeans. Sie sah sich die Fotos von dieser Bella Bliss noch mal genauer an. Sie war eine echte Schönheit. Und hatte eine wahnsinnig tolle Nase. Eine echte Traumnase. Kathis Nase hingegen war nichts Besonderes. Gedankenverloren strich sie sich darüber. Genau! Die musste unbedingt verschönert werden. So wie es diese Neue aus dem JUZ auch hatte machen lassen. Kathi drehte sich, strich sich über die Hüften und streckte ihren Po heraus. Irgendwie fand sie nichts an sich perfekt.

„Mann, da muss echt viel gemacht werden", murmelte sie. „Was das wohl kostet?"
Kathi fing an, Schönheits-OPs zu googeln. Dann riss sie die Augen auf. Über 800 Euro für eine Lippenvergrößerung. Und 4000 Euro für eine Nasenkorrektur. Schönheits-OPs waren ja echt megateuer! Natürlich musste Kathi sofort Larissa schreiben, was sie gerade in Erfahrung gebracht hatte.
„Diese Neue aus dem JUZ hat bestimmt voll die reichen Eltern", schrieb Larissa zurück.
„Vielleicht ist sie ja morgen wieder im JUZ", textete Kathi. „Dann könnten wir mehr über sie herausfinden."
Larissa war ganz ihrer Meinung. Obwohl sie sonst mittwochs nicht im Jugendzentrum waren, verabredeten sie sich für den nächsten Tag dort.

Als Kathi am Nachmittag beim JUZ ankam, saß Larissa bereits auf der Mauer. Sie schielte gerade konzentriert in ihren Ausschnitt.
„Suchst du was Bestimmtes?", begrüßte Kathi sie.
Larissa fuhr hoch. Dann grinste sie.
„Ich hab mir nur gedacht, dass ich mir doch den Busen machen lassen könnte", sagte Larissa betont lässig.
Kathi griff sich an ihre Nase. Die fand sie seit gestern echt nur noch schrecklich.
„Wir müssen mit der Neuen reden. Vielleicht hat die einen Tipp, wo es günstige Schönheits-OPs gibt. Fragen wir sie einfach, wo sie ihre Nasenkorrektur hat machen lassen", schlug Kathi vor.
Also warteten die beiden geduldig. Doch an diesem Nachmittag hatten sie kein Glück. Von der Neuen war nichts zu sehen. Nur die üblichen Verdächtigen gingen ein und aus. Und Abbas blieb kurz bei ihnen an der Mauer stehen, um zu quatschen.
„Sag mal, kennst du die Neue, die gestern hier war?", fragte Kathi ihn.
Zu ihrer Überraschung wusste Abbas sofort, wen sie meinte. Und er kannte sie sogar!
„Das war Selina. Geht auf meine Schule. Sie ist erst hergezogen. Scheint ganz in Ordnung zu sein", erklärte er Kathi und Larissa.
„Morgen wollte sie wieder im JUZ vorbeikommen", sagte er noch.
Dann musste er los. Seine Kumpels warteten.
„Also morgen wieder hier. Um vier?", schlug Larissa vor.
Kathi nickte. Sie konnte es kaum erwarten.

Am Donnerstag war Kathi bereits um halb vier an der Mauer neben dem Jugendzentrum. Auch Larissa erschien früher als verabredet. Ihre Lippen waren knallrot geschminkt. Und sie schienen viel voller zu sein als sonst. Larissa warf Kathi auch gleich einen Kussmund zu. „Was sagst du? Klar kann man mit Schminke auch was vertuschen. Aber ich könnte mir gut vorstellen, meine Lippen etwas aufspritzen zu lassen. Das sieht dann bestimmt mega aus."
Kathi runzelte die Stirn. „Ich weiß nicht. U-Boot-Lippen sind nicht so mein Fall."
Larissa machte einen Schmollmund.
„Aber bei dir sieht es toll aus", fügte Kathi schnell an.
Sie griff sich mal wieder an die Nase. Auf Po, Busen, Lippen oder andere OPs konnte sie gut verzichten. Kathi wollte das gerade

ISBN 978-3-8346-4439-8 | www.verlagruhr.de

Larissa sagen, als plötzlich das Mädchen mit dem Nasenverband ankam.
„Schau, da ist sie", flüsterte Larissa und deutete mit dem Kopf zur Neuen. Kathi sprang von der Mauer.

„Hey, du bist Selina, stimmt's?", rief sie der Neuen zu.
Die blieb stehen. Dann nickte sie.
„Und wer seid ihr?", fragte sie, während sie näher kam.
Kathi und Larissa stellten sich vor.
„Machen wir erst mal ein bisschen Smalltalk", raunte Kathi ihrer Freundin ins Ohr. Larissa hatte sofort verstanden. Sie fragte Selina, seit wann sie hier wohnte und auf welche Schule sie ging. Und ob sie auf Insta vielleicht auch Bella Bliss folgte. Kathi hörte den Antworten von Selina nur mit halbem Ohr zu. Dann war es Zeit, endlich nicht mehr um den heißen Brei herumzureden. Kathi zeigte auf Selinas Nasenverband.
„Wo hast du denn das machen lassen?", legte sie einfach ganz direkt los.
Selina betastete vorsichtig ihre Nase unter dem weißen Mull.
„In der Unfallchirurgie im Städtischen Krankenhaus", sagte sie zögernd.
„Echt, die machen so etwas?", rief Kathi erstaunt.
Selina sah irritiert aus.
„Ja, klar", antwortete sie.
„Und was kostet das?", bohrte Kathi weiter.

Jetzt war die Stunde der Wahrheit! Entweder hatte diese Selina echt stinkreiche Eltern. Oder es gab vielleicht eine Hintertür, wie man eine Schönheits-OP bezahlt bekam.
Und tatsächlich antwortete Selina: „Das weiß ich doch nicht. Das hat die Krankenversicherung übernommen."
„Cool!", rief Larissa. „Wie kriegt man das denn hin? Dass die das bezahlen, meine ich."
Selina sah Larissa verständnislos an.
„Du kannst es uns ruhig verraten. Wir wollen uns nämlich auch operieren lassen. Larissa ihren Busen und ich dachte an eine Nasenkorrektur. So wie bei dir", erklärte Kathi eifrig.
„Sag mal, geht's noch?", fuhr Selina sie an.

Kathi und Larissa wechselten einen schnellen Blick. Was war denn mit der los?
„Ich hatte keine Schönheits-OP. Ich hatte einen Unfall. Und da habe ich mir die Nase gebrochen. Sie musste wieder eingerichtet werden", sagte Selina jetzt ganz ruhig.
„Deshalb wurde das auch in der Unfallchirurgie gemacht."
„Ups", murmelte Kathi und sah verlegen auf ihre Schuhspitzen.
„Vielleicht solltet ihr euch mal ernsthaft für andere Menschen interessieren. Bevor ihr irgendwelche Gerüchte in die Welt setzt", zischte Selina.
„War doch nicht so gemeint", flüsterte Larissa.
„Und wenn ihr es genau wissen wollt: Ich würde bei mir keine Schönheits-OP machen lassen. Ich möchte so schnell nicht wieder auf einen OP-Tisch.", meinte Selina noch.
Dann drehte sie sich um und ging. Kathi und Larissa sahen ihr nach.
„Ich glaube, ich muss da jetzt erst mal drüber nachdenken", sagte Kathi.
Und Larissa nickte nur.

ISBN 978-3-8346-4439-8 | www.verlagruhr.de

Die Traumnase: Aufgaben

Inhaltliche Erschließung

❶ Die Geschichte spielt an drei Wochentagen. Schreibe diese Tage auf ein Blatt Papier. Notiere darunter jeweils in Stichpunkten, was an welchem Tag passiert.

❷ Kathi und Larissa überlegen, unterschiedliche Schönheits-OPs machen zu lassen. Kreuze an, ob folgende Aussagen richtig oder falsch sind:

Kathi kennt sich mit Schönheits-OPs schon lange bestens aus.
☐ richtig
☐ falsch

Larissa folgt Bella Bliss im Netz, die Schönheits-OPs hat machen lassen.
☐ richtig
☐ falsch

Kathi würde sich am liebsten Nase, Hüften und Po operieren lassen.
☐ richtig
☐ falsch

Larissa will sich den Busen operieren lassen.
☐ richtig
☐ falsch

❸ Um Informationen zu Schönheits-OPs zu bekommen, fragen Kathi und Larissa bei Selina nach. Was erfahren sie dabei von Selina? Schreibe dazu drei Sätze auf.

Gesamtverständnis

❶ Versetze dich in Selinas Situation. Wie geht es ihr wohl, als Kathi und Larissa sie auf die „Schönheits-OP" ansprechen? Notiere mögliche Gedanken und Gefühle.

❷ Kathi und Larissa haben „die Gerüchteküche angeheizt". Was bedeutet das? Hast du schon einmal – absichtlich oder unabsichtlich – ein Gerücht in die Welt gesetzt? Sprecht in der Klasse darüber.

Weiterführende Aufgaben

❶ In der Geschichte erfahren wir nur von Mädchen, die eine Schönheitsoperation machen lassen möchten, obwohl auch Jungen unter dem Einfluss von Schönheitsidealen stehen. Warum wird das Thema oft nur mit Mädchen und Frauen verbunden? Welche Schönheitsideale gibt es für Jungen? Sprich mit einem Partner oder einer Partnerin darüber.

❷ Führe ein Interview mit einem Partner oder einer Partnerin und notiere die Antworten. Frage nach: Was ist für dich „Schönheit" und warum? Hat „Schönheit" nur mit Äußerlichkeiten zu tun? Ist „Schönheit" für alle gleich oder verschieden? Wer bestimmt, was „schön" oder „nicht schön" ist?

❸ Recherchiert in Kleingruppen im Internet:
b) Welche Beiträge findet ihr in den sozialen Medien über Schönheits-OPs?
b) Welche Risiken gibt es bei Schönheits-OPs?
Notiert eure Ergebnisse und tragt sie in der Klasse zusammen.

ISBN 978-3-8346-4439-8 | www.verlagruhr.de

Essen retten | 1/3

Endlich gongte es. Mittagspause! Nachher waren noch zwei Stunden Unterricht. Cem kramte in seiner Tasche nach der Geldbörse. Beim Bäcker neben der Schule gab es die besten Schokohörnchen.
„Ungesundes Zeug", sagte seine Mutter dazu. Aber das war Cem ziemlich egal. Er fand, Schokohörnchen waren das ideale Mittagessen.
„Kommst du?", drängelte Moritz.
Schnell stopfte Cem seinen Geldbeutel in die Hosentasche. Dann machten sich die beiden auf den Weg zur Bäckerei. Die Schlange reichte bis zur Ladentür. Klar, denn alle aus der Großbach-Schule versorgten sich am liebsten dort mit Essen. Vor Cem und Moritz stand Naomi in der Reihe. Moritz musterte sie unauffällig und seufzte leise.
„Mann, dass das immer so lange dauert. Da ist die Pause ja beinahe um, bis man da was zum Essen kriegt", beschwerte Naomi sich.

Cem sah auf. In dem Moment schob sich ein Mann in weißer Arbeitsjacke an der Schlange vorbei nach draußen. Er trug zwei aufeinandergestapelte Kisten.
„Lasst mich mal durch", brummte er dabei.
Cem schielte auf den Inhalt der Kisten. Brötchen, Gebäck und Brotlaibe.
„Was machen Sie denn damit?", fragte er.
„Das ist vom Vortag. Das wird entsorgt, Junge", antwortete der Mann.
Dann war er auch schon durch die Tür verschwunden. Cem tippte Moritz auf die Schulter.
„Hast du das gehört?", raunte er seinem Kumpel zu. „Die schmeißen alles vom Tag davor einfach weg."
„Na, und?", fragte Moritz und zuckte mit den Schultern. „Das ist doch deren Sache."
Das sah Cem ganz anders. Er musste an Frau Holtmeier denken. Die wohnte gleich nebenan. Und die ging einmal die Woche zur Tafel. Weil sie dort Lebensmittel umsonst bekam.
„Mit meiner kleinen Rente kann ich mir die Preise im Supermarkt nicht leisten", hatte sie Cem einmal erklärt.
Außerdem wurde ja ohnehin zu viel weggeschmissen. Und Essen war eindeutig kein Müll. Gut, vielleicht verdorbene Lebensmittel. Aber solche, die einfach nur eine Delle hatten oder vom Tag zuvor waren?
„Brötchen vom Vortag kann man doch noch essen. Andere müssen jeden Cent 2-mal umdrehen, um sich ihre Lebensmittel zu kaufen. Und hier werden gute Sachen einfach weggeworfen", murmelte Cem.

Das Thema ließ ihn den restlichen Tag einfach nicht mehr los. Während der beiden Englischstunden dachte er immer wieder darüber nach. Irgendwann drehte sich Cem zu Moritz.
„Dagegen müssen wir doch etwas unternehmen", flüsterte er.
Moritz sah ihn verständnislos an. Cem wollte gerade weiterreden. Aber da wurde er von seiner Englischlehrerin unterbrochen.
„Stop talking!", sagte sie streng.
Also hielt Cem den Mund. Aber seine Gedanken schweiften trotzdem immer wieder ab. Er war froh, als der Unterricht endlich vorbei war. Kaum war der Schlussgong verklungen, sprang Cem auf und setzte sich vor Moritz auf den Tisch.

ISBN 978-3-8346-4439-8 | www.verlagruhr.de

„Hör mal, ich finde es voll blöd, dass Läden Lebensmittel wegwerfen", sagte er.
„Mach doch nicht so einen Stress", murmelte Moritz leicht genervt.
Naomi, die am Tisch neben den beiden saß, kam dazu.
„Ich habe das heute Mittag auch mitbekommen. Du hast Recht. Das ist echt eine Verschwendung", stimmte sie Cem zu.

Jetzt war auch Moritz plötzlich interessiert. Das lag wahrscheinlich mehr an Naomi als am Thema.
„Stimmt. Das ist echt nicht öko und so", sagte er eifrig.
Cem wusste, dass Moritz auf Naomi stand. Aber es war ja auch egal, welche Gründe Moritz hatte. Hauptsache, er war dabei.
„Lasst uns doch mal überlegen, was wir dagegen machen können", schlug Cem vor. „Kommt am besten mit zu mir. Da haben wir unsere Ruhe. Meine Eltern arbeiten heute beide lange. Sie sind erst am Abend wieder zu Hause."
Naomi war sofort einverstanden. Und Moritz – was für ein Wunder! – natürlich auch. Eine halbe Stunde später saßen die drei in Cems Zimmer vor dem Laptop.
„Schaut mal. Hier haben sich schon mehrere Leute etwas dazu überlegt," sagte Cem und deutete auf die Webseite, die er gerade aufgerufen hatte.
„Foodsaver? Was heißt das denn?", fragte Moritz.
„Na, Essensretter. Hättest du mal in Englisch besser aufgepasst", zog Naomi ihn lachend auf.
Moritz grinste schief.
Eine Stunde lang lasen sie sich gegenseitig die Texte auf den Internetseiten vor und klickten auf Videos über Foodsaver.
„Hier steht, dass es in Frankreich und Tschechien Gesetze gibt. Die verbieten Supermärkten, Essen wegzuschmeißen. Nur hier gibt es das nicht", entrüstete sich Naomi.
Cem klickte weiter. Irgendwann landeten sie auf einer Seite, die „Foodsharing" hieß.
„Lebensmittel retten und teilen", stand dort.
Auf einer Deutschlandkarte konnte man nachsehen, wo es Foodsharing gab.
„Bei uns ist noch ein weißer Fleck", stellte Cem fest.
„Dann müssen wir das ändern", beschloss Naomi.
„Und wie? Es reicht ja nicht, wenn die Läden mitmachen. Das Essen muss dann ja verteilt werden", gab Moritz zu bedenken.
Naomi und Cem zuckten mit den Schultern.
„Oder die Sachen müssen irgendwo gelagert werden. Wir können uns doch keinen Raum mieten, in dem wir die geretteten Lebensmittel dann zum Mitnehmen anbieten", fiel Cem noch ein.
„Und wenn wir bei zwei, drei Läden anfangen? Zuerst mal in der Bäckerei neben der Schule", schlug Naomi vor.
„Ja, schon. Aber wenn die Läden uns alles mitgeben, was sie wegwerfen wollen?", legte Cem nach. „Ich meine, da ist bestimmt auch Zeug dabei, das wirklich verdorben ist. Das muss doch dann aussortiert werden."
Plötzlich hatte auch Moritz mal etwas Kluges beizutragen: „Alleine schaffen wir das nicht. Aber wir können alle aus unserer Schule informieren. Vielleicht machen ja noch mehr mit."

ISBN 978-3-8346-4439-8 | www.verlagruhr.de

Essen retten | 3/3

Naomi lächelte Moritz bewundernd an. „Tolle Idee", sagte sie.
Moritz wurde rot.
„Außerdem ist in der Schule genug Platz. Vielleicht kann man ja dort die geretteten Lebensmittel hinbringen. Und überall posten, dass man sich an der Großbach-Schule etwas holen kann", meinte Naomi.
Plötzlich waren alle drei Feuer und Flamme.

Am nächsten Tag waren Cem, Moritz und Naomi schon eine knappe Stunde vor Unterrichtsbeginn an der Schule.
„Sind eure Uhren kaputt?", fragte der Hausmeister, der gerade aufsperrte.
„Oder habt ihr etwas ausgefressen? Ich meine, freiwillig kam von euch ja noch nie jemand zu früh", lachte er.
Cem und die anderen schlüpften an ihm vorbei. Sie grüßten kurz und liefen die Treppe nach oben, ohne ihm zu antworten. Sie wussten, dass Frau Haller, die Schulleiterin, immer schon so früh im Haus war. Dorthin führte ihr Weg. Frau Haller war genauso erstaunt wie der Hausmeister, als die drei bei ihr im Büro standen. Aber sie hatte Zeit. Cem, Moritz und Naomi erklärten der Schulleiterin, was ihr Anliegen war. Und wie sie überhaupt auf die Idee gekommen waren. Und was sie nun vorhatten. Als sie alles losgeworden waren, schaute Frau Haller die drei einige Momente nachdenklich an. Cem befürchtete schon, dass sie jetzt einfach den Kopf schütteln würde. Aber Frau Haller nickte und lächelte.
„Ich bin ganz begeistert von eurer Idee. Und stolz, dass Jugendliche aus unserer Schule sich so etwas Tolles einfallen lassen", sagte sie. Doch dann kam trotzdem ein „Aber": „Euer Engagement ist super. Aber die Schule darf darunter nicht leiden. Außerdem bin ich mir nicht sicher, ob so ein Foodsharing-Ort bei uns an der Schule eingerichtet werden kann. Da muss ich mich bei der Schulbehörde und beim Gesundheitsamt erkundigen", sagte sie.
Cem stöhnte leise auf. War ja klar, dass das nicht ganz ohne Schwierigkeiten funktionieren konnte.

Frau Haller rollte mit ihrem Stuhl halb um den Schreibtisch herum. Jetzt saß sie den dreien direkt gegenüber.
„Ich kann euch aber auch etwas zusagen: Wenn alles geklärt ist, werde ich mich für eure Idee einsetzen."
Das hörte sich gut an.
„Und an was denken Sie da?", fragte Moritz ganz direkt.
„Was haltet ihr zum Beispiel von einer AG? Und einem Artikel in der Zeitung? Oder von einem Wahlfach „Foodsharing"? Ich werde auch mit dem Hausmeister reden. Vielleicht hilft er euch ja, gerettete Lebensmittel zu transportieren", schlug Frau Haller vor.
„Klingt super!", meinte Cem.
Moritz, Naomi und er sahen sich an und grinsten. Cem sah auf die Uhr. „Wir können gleich noch zur Bäckerei rübergehen und denen schon mal von unserer Idee erzählen. Und dass die Schule uns dabei unterstützt."
Frau Haller nickte. Jetzt konnte es also losgehen: Sie würden damit anfangen, Essen zu retten. Cem, Moritz und Naomi waren jetzt ganz offizielle Foodsaver.

Essen retten: Aufgaben

Inhaltliche Erschließung

❶ Cem macht sich nach einer Beobachtung in der Mittagspause Gedanken. Was hat er erlebt? Was war sozusagen sein „Schlüsselerlebnis"? Formuliere es kurz in deinen Worten und schreibe es auf.

❷ Cem kann Naomi und Moritz für seine Idee gewinnen. Beantworte die folgenden Fragen schriftlich:

a) Warum macht Moritz mit?
b) Bei den Internet-Recherchen treffen sie auf die Wörter „Foodsaver" und „Foodsharing". Was bedeuten die beiden Wörter?
c) An wen wenden sich die drei am nächsten Tag?
d) Welche Bedenken hat die Person? Wie will sie die drei trotzdem unterstützen?

❸ Was fühlen und denken Cem, Moritz und Naomi wohl am Ende der Geschichte? Schreibe ihre Gedanken und Gefühle auf.

Gesamtverständnis

❶ Stellt euch vor, Cem, Moritz und Naomi stellen in der Bäckerei ihre Idee vor. Schreibt zu zweit eine kurze Szene, wie der Ladenbesitzer reagieren könnte und wie die drei ihn überzeugen könnten. Spielt die Szene in der Klasse vor.

❷ Habt ihr euch schon einmal für eine gute Sache engagiert? Was war das? Welche Erfahrungen habt ihr gemacht? Sprecht in der Klasse darüber.

Weiterführende Aufgaben

❶ Recherchiert im Internet: Wie viele Tonnen Lebensmittel werden in Deutschland pro Jahr weggeworfen? Wo werden die meisten Lebensmittel weggeworfen? In Restaurants, Supermärkten oder Privathaushalten? Sprecht dann gemeinsam darüber: Was könnte man – außer Foodsharing – dagegen unternehmen?

❷ Bildet Kleingruppen. Macht euch zu folgenden Fragen Notizen und stellt eure Ergebnisse vor:

a) Wie viel wird bei euch zu Hause weggeworfen? Wann und warum?
b) Wie könntet ihr das ändern?

ISBN 978-3-8346-4439-8 | www.verlagruhr.de

Die Probezeit | 1/3

Marvin rückte den Stuhl etwas zurück. Frau Kleinbeck saß hinter ihrem Schreibtisch. Sie schob ihre Brille auf der Nase ein Stück höher. Dann blätterte sie in den Unterlagen, die vor ihr lagen. Erdem saß neben Marvin vor dem wuchtigen Cheftisch. Er sah ernst zu Marvin hinüber.
„So, dann fangen wir mal an", meinte Frau Kleinbeck.
„Marvin, du bist jetzt seit knapp vier Monaten bei uns im Betr..."
Marvin fiel der Chefin ins Wort.
„Ja, und mir macht die Arbeit echt voll Spaß. Ich weiß, dass Maler genau das Richtige für mich ist", sagte er hastig.
Erdem lachte auf. Frau Kleinbeck verschränkte die Arme vor der Brust.
„Schön, Marvin."
Dann wandte sie sich an Erdem.
„Du bist als Meister der Ausbilder von Marvin. Was denkst du denn darüber?", fragte sie.
„Ich glaube, ich hab mich verhört. Wenn die Arbeit Marvin wirklich wichtig wäre, dann müsste er echt mehr Einsatz bringen."
„Einsatz?", rief Marvin genervt.
Was wollte der jetzt wieder?

Frau Kleinbeck hob die Hand. Dann beugte sie sich über den Tisch in Marvins Richtung.
„Wir machen es so: Erst erzählt Erdem, welchen Eindruck er von dir hat, Marvin. Dann bist du an der Reihe. Einverstanden?", fragte sie.
Marvin zuckte mit den Schultern.
„Klar."
Er lehnte sich in seinem Stuhl zurück, streckte die Beine aus und überkreuzte sie.
Erdem setzte sich aufrecht hin und räusperte sich.
„Also, Erdem, was denkst du über unseren Azubi Marvin?", wandte sich die Chefin wieder an den Meister.

Erdem musste nicht lange überlegen.
„In der ersten Woche lief es noch ganz gut. Marvin hat viel nachgefragt. Und er hat sich echt richtig gut angestellt."
Marvin grinste.
„Aber dann gingen die Probleme los", fuhr Erdem fort.
Marvin schnappte nach Luft.
„Also ...", versuchte er, sich zu verteidigen.
Frau Kleinbeck sah ihn streng an. Marvin hob beide Hände.
„Schon gut. Ich weiß schon, ich bin nachher erst dran", murmelte er.
„Ab der zweiten Arbeitswoche kam Marvin mindestens 1- bis 2-mal pro Woche zu spät. Er kam dann immer gegen sieben ganz gelassen in die Werkstatt geschlendert", berichtete Erdem weiter.
Marvin fuhr hoch.
„Das lag doch nur am Bus. Ich meine, Arbeitsbeginn um 6:30 Uhr ist echt früh. Da ist die Busverbindung richtig schlecht. Deshalb ist es doch kein Wunder, dass ich den Bus dann eben manchmal verpasse", brauste Marvin auf.
„Stopp!", ging Frau Kleinbeck dazwischen.
„Jetzt ist erst mal Erdem an der Reihe!"

„Ja, das mit dem Besserwissen ist auch so eine Sache", meinte Erdem.
„Außerdem trifft Marvin häufig nicht den richtigen Ton. Dann wird er schon mal

ISBN 978-3-8346-4439-8 | www.verlagruhr.de

unverschämt. Wenn Natalie, die Gesellin, ihm eine Aufgabe gibt, kommt oft ein unangebrachter und frauenfeindlicher Spruch."
Frau Kleinbeck runzelte die Stirn.
„Ist doch nur Spaß", murmelte Marvin und rutschte ein bisschen tiefer in seinen Stuhl.
„Und vor zwei Wochen hat er Natalie die Farbrollen und Pinsel einfach vor die Füße geschmissen", erzählte Erdem weiter.
„Wie, bitte?", fragte Frau Kleinbeck erstaunt.
„Aber das war doch nur, weil sie mich schikanieren wollte", rief Marvin.
„Natalie hat dich gebeten, die Rollen und Pinsel richtig sauber zu machen", wandte sich Erdem direkt an Marvin.
„Die waren sauber! Das ist echt eine Schweinearbeit. Vor allem, wenn es auf der Baustelle nur kaltes Wasser gibt. Bis da die ganze Farbe rausgewaschen ist, das dauert ewig. Da frieren einem ja die Finger ab", regte sich Marvin auf. „Dafür bin ich doch als Auszubildender gar nicht da. Ich meine, um für alle die Drecksarbeit zu machen."
„Moment", unterbrach Frau Kleinbeck.
„Du musst als Lehrling selbstverständlich auch das Saubermachen mit übernehmen. Wie übrigens alle anderen auch."

Marvin blies geräuschvoll die Luft aus. Jetzt fing die Chefin auch noch damit an. Klar, dass die alle zusammenhielten.
„Jetzt machen wir mal ganz ruhig weiter. Ich denke, das habt ihr ja schon mal geklärt, oder?", wandte Kleinbeck sich an den Meister. Erdem nickte. „Also, was gibt es noch zu sagen?", fragte Frau Kleinbeck.
Erdem legte seine Hände auf die Armstützen des Stuhls und stemmte sich etwas hoch.
„Letzte Woche hat Marvin Werkzeug mitgehen lassen", sagte er laut.
„Was?", fragte Kleinbeck.
„Das stimmt doch gar nicht!", zischte Marvin.
„Ich hab doch nur ein paar Schraubenzieher ausgeliehen. Weil ich zu Hause üben wollte."
„Üben?", fragte die Chefin überrascht nach.
„Naja, nicht direkt. Meine Ma meinte, ich sollte ein paar Sachen festschrauben. Und weil wir daheim kein passendes Werkzeug haben, hab ich mir eben was geborgt. Ich hab aber alles am nächsten Tag wieder zurückgebracht."
„Du hast das Werkzeug eingesteckt, ohne zu fragen. Und erst, als Natalie am nächsten Tag meinte, dass etwas fehlt, hast du es aus deiner Tasche gezogen", sagte Erdem.
„Wenn ich gewusst hätte, dass das so ein schlimmes Verbrechen ist, hätte ich natürlich gefragt", pflaumte Marvin den Meister an.

Frau Kleinbeck seufzte.
„Sonst noch was?", fragte sie Erdem.
„Marvin ist auch auffallend oft krank. Immer montags", fiel Erdem ein.
Marvin sprang auf.
„Was kann ich denn dafür, wenn ich mal krank bin!"
Er wandte sich an Frau Kleinbeck: „Der darf mich doch deswegen nicht anmeckern!"
„Marvin, setz dich bitte wieder", ermahnte ihn die Chefin.
Widerwillig ließ Marvin sich wieder auf seinen Stuhl fallen. Er warf Erdem einen grimmigen Blick zu.

ISBN 978-3-8346-4439-8 | www.verlagruhr.de

Die Probezeit | 3/3

„Tja, leider postet Marvin gerne Fotos von seinen langen Nächten. Wenn er mit seinen Kumpels einen draufmacht. Zum Beispiel mit einer Bierflasche in der Hand. Nachts um drei. Und dann ruft er am Morgen an und meint, er sei erkältet. Ganz plötzlich. Aber am Dienstag ist er wieder gesund“, erklärte Erdem ganz ruhig weiter.
„Kann ich so einen Post mal sehen?“, fragte Kleinbeck.
Erdem zog sein Handy aus der Hosentasche und tippte kurz darauf herum. Dann reichte er es über den Schreibtisch. Frau Kleinbeck hob die Brille an und studierte das Display. Marvin zog die Schultern bis zu den Ohren hoch. Mann, das war echt ärgerlich, dass der Meister seine Posts las!

„So, Marvin, was möchtest du denn jetzt dazu sagen?“, fragte Frau Kleinbeck.
„Ich geb ja zu, dass ich mal wegen einem fetten Kater krank gemacht habe. Aber das war echt eine Ausnahme“, sagte Marvin kleinlaut.
Er grinste Frau Kleinbeck schief an. Aber ihre Miene war ernst.
„Ansonsten kann ich nur noch mal sagen, dass ich unbedingt Maler werden will. Ich mach die Arbeit echt gerne. Und ich bin voll gut“, redete Marvin weiter.
„Aber auf Erdem als Meister könnte ich gut verzichten“, hätte er am liebsten noch gesagt. Doch das verkniff er sich.
„Danke, Marvin.“

Frau Kleinbeck rollte in ihrem Ledersessel ein Stück zurück.

„Nun also zur Probezeit. Du weißt ja, wozu die da ist?“, fragte sie Marvin.
Der nickte. Klar! Das war so eine Art Testphase. In der konnten sich Betrieb und Auszubildender kennenlernen. Und prüfen, ob das passte. Also für ihn passte alles so weit.
„Weil deine Probezeit also demnächst vorbei ist, entscheiden wir heute, ob du deine Ausbildung weiter bei uns machen kannst“, sagte Frau Kleinbeck.
Marvin lächelte und legte seinen Kopf schief.

„Ich habe genug Informationen bekommen“, sprach die Chefin weiter und nickte Erdem zu.
„Deshalb ist für mich die Sache klar“, sagte sie.
Marvin hätte am liebsten laut gelacht. Er wusste, dass er nächste Woche für die Baustelle am Gewerbepark eingeteilt war. Das stand schon so im Dienstplan. Also war ja klar, wie sich Frau Kleinbeck entscheiden würde. Marvin hatte ja ganz genau erklärt, wie er alles sah. Und dass er ja nichts für irgendwelche Missverständnisse konnte. Sicher würde er die Ausbildung nach der Probezeit hier weiter machen können. Er lehnte sich ganz entspannt zurück. Dann wartete er auf Frau Kleinbecks Entscheidung.

ISBN 978-3-8346-4439-8 | www.verlagruhr.de

Die Probezeit: Aufgaben

Inhaltliche Erschließung

❶ In der Geschichte sitzen der Auszubildende Marvin und der Meister Erdem bei der Chefin. Sie sprechen über Marvins Verhalten und ob der Ausbildungsvertrag nach der Probezeit weiterlaufen wird.

a) Teile ein Blatt Papier in zwei Spalten. Schreibe über die linke Spalte „Erdem“ und über die rechte Spalte „Marvin“.

b) Notiere alle Informationen, die Erdem über Marvin äußert in die linke Spalte. In der rechten Spalte notierst du, was Marvin dazu sagt.

c) Vergleiche deine Ergebnisse in den Spalten mit einem Partner oder einer Partnerin. Habt ihr beide die gleichen Argumente gefunden? Ergänzt in eurer Tabelle Fehlendes.

Gesamtverständnis

❶ In der Geschichte spielt auch Marvins und Erdems Chefin eine Rolle. Wie verhält sich Marvin ihr gegenüber?

a) Unterstreiche die Stellen im Text.

b) Wie findest du Marvins Verhalten? Begründe deine Meinung schriftlich.

❷ Wie hätte Marvin sich im Betrieb und auch im Gespräch mit Meister und Chefin besser verhalten können? Sprich mit einem Partner oder einer Partnerin darüber.

❸ Am Ende ist Marvin sicher, dass sich die Chefin Frau Kleinbeck positiv für ihn ausspricht. Bist du derselben Meinung? Begründe schriftlich.

Weiterführende Aufgaben

❶ In der Geschichte kommen verschiedene Rollen im Handwerksbetrieb vor, z. B. Geselle/Gesellin. Sucht zu zweit im Internet nach den Karrierestufen in Handwerksbetrieben. Macht euch Notizen und sprecht in der Klasse über eure Ergebnisse.

❷ Recherchiert in Kleingruppen im Internet, welche Rechte und Pflichten ihr während der Ausbildung habt. Versucht, einige Textstellen aus Gesetzen mit eigenen Worten zu formulieren. Gestaltet dazu eine Checkliste und stellt sie in der Klasse vor.

ISBN 978-3-8346-4439-8 | www.verlagruhr.de

Medientipps

Oliver Hust, Kyra Weider, Anna Lena Lutz,
Sarah Jungblut, Merlin Schmidkonz
K.L.A.R.-Storys: 16 Kurzgeschichten rund um Diversität, Selbstfindung und Toleranz
zum Kopieren mit Aufgaben
Klasse 7–10, 72 Seiten, A4
Verlag an der Ruhr 2025
Paperback: ISBN 978-3-8346-6752-6
PDF (Pro-Lizenz): ISBN 978-3-834-6757-1
PDF (Premium-Lizenz): ISBN 978-3-834-6756-4

Kyra Weider
K.L.A.R.-Taschenbuch: Coming out – Ich entscheide, wer ich bin!
Ein Jugendroman in großer Schrift
Klasse 7–10, 136 Seiten, 19 x 12,6 cm
Verlag an der Ruhr 2022
Paperback: ISBN 978-3-8346-4844-0
E-Book: ISBN 978-3-8346-4845-7

dazu:
Oliver Hust
K.L.A.R.-Literatur-Kartei: „Coming out – Ich entscheide, wer ich bin!“
EKlasse 7–10, 64 Seiten, A4
Verlag an der Ruhr 2022
Heft: ISBN 978-3-8346-4846-4
PDF (Pro-Lizenz): ISBN 978-3-8346-4847-1
PDF (Premium-Lizenz): ISBN 978-3-8346-4848-8

Medientipps

Anna Siebenstein
K.L.A.R.-Taschenbuch: Deine TikTok-Challenge – Wie weit traust du dich zu gehen?
Ein Jugendroman zur Leseförderung
Klasse 7–10, 128 Seiten, 19 x 12,6 cm
Verlag an der Ruhr 2024
Paperback: ISBN 978-3-8346-6507-2
E-Book: 978-3-8346-6536-2

dazu:
Redaktionsteam Verlag an der Ruhr
K.L.A.R.-Literatur-Kartei: „Deine TikTok-Challenge – Wie weit traust du dich zu gehen?"
Klasse 7–10, 86 Seiten, A4
Verlag an der Ruhr 2024
PDF (Pro-Lizenz): ISBN 978-3-8346-6593-5
PDF (Premium-Lizenz): ISBN 978-3-8346-6592-8

Armin Kaster
K.L.A.R.-Taschenbuch: Alter! Willst du wirklich sein wie die?!
Ein Jugendroman über Männlichkeit, falsche Ideale und Selbstfindung
Klasse 7–10, 120 Seiten, 19 x 12,6 cm
Verlag an der Ruhr 2023
Paperback: ISBN 978-3-8346-6419-8
E-Book: ISBN 978-3-8346-6420-4

Armin Kaster
K.L.A.R.-Taschenbuch: Glaubt doch nicht der Lügenpresse!
Ein Jugendroman zur Leseförderung über Populismus und Verschwörungstheorien
Klasse 7–10, 104 Seiten, 19 x 12,6 cm
Verlag an der Ruhr 2025
Paperback: ISBN 978-3-8346-6804-2
E-Book: ISBN 978-3-8346-6805-9

Weitere K.L.A.R.-Romane zu aktuellen Themen mit jeweils passenden Literatur-Karteien finden Sie auf www.verlagruhr.de